House of Vitality

勵志館

Will

衝創意志

勵志館⑨⑨

鼓動——朱宗慶的擊樂記事

作者——朱宗慶
圖片提供——財團法人擊樂文教基金會
主編——李佳穎
責任編輯——趙貞儀
發行人——王榮文
出版發行——遠流出版事業股份有限公司
台北市汀州路三段184號7樓之5
郵撥／0189456-1
電話／2365-1212　傳眞／2365-7979
香港發行——遠流（香港）出版公司
香港北角英皇道310號雲華大廈4樓505室
電話／2508-9048　傳眞／2503-3258
香港售價／港幣100元
著作權顧問——蕭雄淋律師
法律顧問——王秀哲律師・董安丹律師
2001年8月1日　初版一刷
行政院新聞局局版臺業字第1295號
售價新台幣 300 元　（缺頁或破損的書，請寄回更換）

ISBN 957-32-4399-7

YLib 遠流博識網
http://www.ylib.com　E-mail:ylib@ylib.com
遠流心靈勵志專屬網站
心靈左岸http://www.ylib.com/heart

鼓動

朱宗慶的擊樂記事

朱宗慶◎著

出版緣起

王榮文

「咚咚咚咚……」隨著昂揚的鼓聲，不期然地，遠流《勵志館》竟已陪伴讀者走過了十年悠悠歲月。回顧這段漫長時光，《勵志館》所揭櫫「愛」、「希望」、「包容力」和「衝創意志」的精神內涵，一點一滴地融入這一代青年人的日常生活，在心靈脆弱的時刻伸出關愛的雙手，鼓舞了人們的行事勇氣，爲社會燃起一把熱情光明的熊熊火炬！

而著眼於當今社會，時代潮流不斷地向前推進，人們的行爲意識更是處於多元的複雜狀態；這股爲人類帶來莫大衝擊的新世紀文化變遷，再度提醒我們：結合全人類意志力量攜手共創未來的時機，正是現在！因此，踏著奮發向上的步伐，帶著恒久不變的希望——《勵志館》懷抱著原先的基礎，亟願拓展一己的影響力，無論男女老少，無論在人生任何階段，《勵志館》均能成爲你的良師益友，爲你打氣，陪你奮鬥，與你同甘共苦。今後，《勵志館》呈現在你面前的，將是含括五大面向的嶄新形貌，期待能藉此傳達給讀者更清晰的出版理念：

衝創意志（Will）——旨在彰顯人類勇於開拓、改造的衝勁和決心，激勵吞天吐地的氣概，養成堅持、毅力、韌性、決斷力、意志力、不達目標不休止的大無畏精神。

人物傳記（Memoir）——成功的人物形象，總是讓人內心油然升起欽慕之意，而「他是如何做到的？」更是多數人好奇與關注的焦點；透過閱讀傳記故事的過程，人的內在潛力往往得以受到激發，產生崢嶸向上的力量。

智慧人生（Wisdom）——如何善用一己智慧，把握有限人生？這裡提供你諸多名家的眞知灼見；此番良言雋語如同無盡的寶藏，相信必能協助你走出一條成熟自信、亮麗精彩的人生旅程。

宗教開悟（Religion）——人類世界向來與宗教有著密不可分的關係。撇開信仰的層面不談，宗教所傳布的內涵精髓確實是一種高超的人生智慧；透過這些彷若暮鼓晨鐘的文字，人們得以敞開心坎，包容一切，因而迷惘不再。

心靈觀想（Spirit）——在爲工作奔忙的日子裡，是否覺得自己愈發「機械化」了？建議不妨暫停一下，騰挪出心靈的一小塊空間，從沉思觀想的經驗中找回眞正的自我；你會發現，受到淨化、提昇的意志，將是澄澈光明富朝氣的。

當然，我們會持續在勵志領域內開發出更多的主題以饗大眾。也歡迎朋友們來信交流，賜予我們寶貴意見。

現在，就請加入我們的行列，讓煥然一新的《勵志館》叢書緊緊追隨你，激揚你與眾不同的人格特質，陪伴你走向眞善美的人生境界！

Rousing

鼓動

朱宗慶的擊樂記事

目錄

〈推薦人的話〉向前走

雲門舞集創辦人
林懷民

一九八三年，國立藝術學院舞蹈系初創，邀聘師資是首要大事。舞蹈老師由歐美聘，音樂老師我向賴德和求援。德和介紹了剛由維也納回來的朱宗慶。我請他先教學生把拍子打準再說其他。過了不久，學生戴起耳機，口唸咒語，惶惶不可終日。朱宗慶教他們處理史特拉・汶斯基的「春之祭」！太難了吧，我有點同情學生。宗慶對我的心軟詫異得微微張嘴，連說：「試試看吧。」一期末考試，學生過關，在這場艱難的挑戰中奠定了掌握節奏的好基礎。

這是朱宗慶第一次嚇我一跳。他勇敢設定大目標，大步迎接挑戰，十幾年來創樂團，辦教學系統，又辦雜誌，又去當系主任，看得我心驚肉跳，不時幫他捏把汗，卻見他如履平地的不斷上層樓。

我的許多擔心當然是從自己辦舞團的痛苦經驗為基準，設身處地的為他著急。很多年過去，我才意識到我們之間是有很大的不同：我要為編舞煩苦，他不必作曲，還有，我們體型不同。

宗慶是個皮球，圓臉，圓肚子，精力永遠用不完，走路像小跑步，辦事劍及履及。是這股活力將打擊樂敲打到前所未有的高峰。

年輕時在紐約，因為沒錢，我看舞常坐四五層樓側邊的學生座。從那裡，舞台不見全貌，音樂池裡的動靜卻一覽無遺。印象最深刻的是定音鼓的打擊手，總是好整以暇的看紐約時報、填字謎，臨到舞曲近尾聲，才從容不迫地放下報紙，定江山似的搥下那麼幾鼓。在西洋音樂裡，打擊樂絕對不像鋼琴小提琴那樣帶領風騷、受人矚目。朱宗慶打擊樂團從國家音樂廳到鄉里廟埕，從台灣打到大陸、歐美，演出場次之密集，觀眾歡迎之熱烈，是有史以來台灣各種樂團從未達到的境界；流風所及，到「朱宗慶打擊樂教學系統」上課竟成為許多孩子音樂的啟蒙。

這種現象台灣未曾有，歐美國家也不易見到。「奇蹟」二字並不是誇張的形容。

大家都說台灣表演藝術環境欠佳。沒錯。但是我們必須承認，這個環境給予出發者的機會較諸歐美各國寬大很多。嶄露頭角易，但持續，乃至突破，撐住一個職業團體，不遲發薪水，在一枝獨秀、無有競爭對手的局面下，長期維繫團體的士氣則是難上加難。朱宗慶通通做到。擊樂團如今已有2團、3團，如果再跑出一個4團，也不算意外。在這樣熱騰騰的走勢裡，宗慶竟然還有餘心餘力鼓勵資深團員一個個進研究所，甚至出國，拿碩士博士學位，一個個舉辦個人演奏會。

魅力，才華，這些經常放在藝術家頭上的形容詞已經不足以解釋朱宗慶現象。

朱宗慶和我專業上的合作始自「薪傳」。那是一個「不合理」的作品，殘酷要求舞者和樂手釋放全部的能量，從頭到尾。朱宗慶全力以赴，在一場表演裡，他揮搥躍起，狠力劈下，鼓搥應聲而斷。這一幕成為我腦海中宗慶印象的「原型」。在溫和的外表下，這是個開天闢地型的狠人，是「薪傳」中的先民；說得簡單點，是台灣農村充滿生命力、一心上進的庶民。

宗慶出身台中鄉間，發想成為音樂家。在這一點上，家庭的文化背景和經濟狀況，在他求學或出社會奮鬥的過程，都幫不上忙。藝專畢業，進了省交當首席打擊樂手。有些人的故事寫到這裡，下來不外教幾個私人學生，經營一個甜蜜家庭。朱宗慶不安其位，跑到維也納深造。那也不是最順利的留學生涯，宗慶以勤補拙，打拼得讓人另眼相待。去了維也納，宗慶沒學回泡咖啡館這類的文化，直至今天，咖啡仍只是飲料，與氣氛無關，往往咖啡未上桌，他已開始「會談」。維也納對他而言是高處眼亮，別人文化累積的成就讓他憧憬，他自己，打擊樂，台灣文化都要迎頭趕上！

創辦樂團後，他帶團員，褒獎說教雙管齊下，安頓了團員的薪水，更進一步安排他們的前程，扮演了傳統父兄的角色；樂團的成長也完全是「輸人不輸陣」，眾志成城的發揮。這種有根有底的民間性格，使宗慶的話語觀念很容易跟人溝通。不圖偉大，樂團的演出延伸藝術總監的個性，就有了平易近人的風格。至於學了西樂又回來打獅鼓，或到鄉鎮演出，與主義理念關係不大，只是「回家」。

八十年代，正是社會經濟起飛的時代，基金會與樂團，納入數字管理。朱宗慶不作春秋大夢，所有的憧憬化成一個個三年計畫。然後執念硬頸地去執行出來，對付自己絕不手軟。朱宗慶事業的發展其實只是市井庶民踏踏實實由家庭企業邁入中小企業的一個例子，只不過它發生在不可能真正謀利、作夢多於行動的藝文界。

中小企業的經營當然包括跑三點半，樂團的營運當然包括人事波折。這些挫折宗慶一口吞下，寧可失眠，天亮了，照常笑臉對眾人——和氣生財，幾曾看過中小企業主持人逢人訴苦？

誠懇樸實、笑臉迎人是朱宗慶給人的印象。開會時，他也會臉紅脖子粗、據理力爭，事後又笑嘻嘻與人來往。外圓內方的個性使他可以和陝西鼓樂隊的老鄉，和歐美各國打擊樂團的好手訂交結盟。朱宗慶外交的秘訣，挑明了，只是民間人情世故的實踐。溫和待人、與人為善為朱宗慶累積了可觀的人脈。他就任中正文化中心主任那天，藝文界踴躍出席的盛況，清楚見證他的交遊滿天下。

出掌兩廳院大概不是朱宗慶生涯規劃的一個章節。但是，社會徵召，他鄭重考慮後，就義無反顧地扛起社會龐大的期待。當他說起「全民的兩廳院」，在不能輕信任何人任何言詞的今天，我仍願意去相信他在另一個起跑點上的宣言。來自庶民的朱宗慶的「全民」應該是有顏容、有血有肉、會呼吸、有渴望的人群吧。對這些人，朱宗慶有關心也有感情，如今，也有了具體的責任。

那麼，不管用小跑步或算計著腳步，繼續逐夢吧，像林強的歌所說的：

「向前走，什麼都不驚！」

〈推薦人的話〉

一步一腳印，踏實走來

名作曲家
馬水龍

讀完了宗慶交給我這一疊厚厚的書稿後，思緒似乎跳回到了十八年前，當時我正授命籌備國立藝術學院音樂系，心頭卻始終縈繞兩個特別的想法，一是成立傳統音樂組，另一項就是要讓打擊樂成為音樂系的主修科目之一。這也是我對台灣過去幾十年來音樂教育的一種反思。

不可諱言的，在民國六十年以前，台灣音樂教育對於打擊樂的耕耘，可說是一片貧瘠，不僅師資與課程付之闕如，甚至連樂團演出時，擊樂部分專屬人員極少，常是濫竽充數應付了事，因為不覺得打擊樂的重要，它僅是音樂中的邊陲區域，並不被學習古典音樂的人所重視。

一九七二年，我前往德國留學，最令我驚訝的，竟是他們對於打擊樂的看重，以及在相關領域上豐富的發展。校方強烈建議每一位作曲系學生，最少要修習一年打擊樂課程，而我也就從這樣一段摸索過程中，驚訝的發現了古典音樂中，一個過去從沒有注意過的嶄新領域。打擊樂的有趣不只在節奏，更包括了千變萬化的音色，僅是一面小小的鼓，就可以靠著不同的觸擊手法、位置、質材，發出許多種不同的音色，而其中，可以變化運用的素材，對於一位作曲家而言，真的是浩瀚如海！

然而環顧國內的音樂環境，相關的耕耘卻是極為有限，因此當我授命籌設國立藝術學院音樂系時，顧不得許多充滿疑問的目光，打擊樂組的設置，就像是一個使命一樣，讓我決定非將它促成不可。也就是在這樣的機緣下，讓我認識了當時剛由維也納學成歸國的朱宗慶。

做事負責認真、說話坦率又充滿了行動力，是當時我對朱宗慶的第一印象，他不僅在很短的時間內，就把我交辦蒐集歐洲相關各國打擊樂主修資料的工作蒐集齊全並擬出一套計劃，更讓我驚訝的，還是在國立藝術學院音樂系第一年打擊樂組招生的時候。考試後我們發現學生平均水準普遍不佳，宗慶與我商量這一年先不收學生，然而沒有學生校方根本無法聘任他，他卻表示寧缺勿濫，不需要為了自己有工作而讓學校收進不合適的學生，這件事情讓宗慶直到回國第二年後才正式踏進藝術學院的校門，卻也讓我真的對他刮目相看！

短短幾年間，宗慶以過人的活力，迅速讓打擊樂的熱度在台灣延燒開來，這其中經歷的許多辛苦與奮鬥過程，都寫在這本書裡了，一頁頁翻來，我只能用一句話來形容，那真是「一步一腳印，踏實走來」，其中的許多記載，都是非常寶貴的人生歷練。多年的共識，也讓我越來越清楚看見宗慶在人格特質上的一些優點，例如面對專業領域一絲不苟的認真態度，以及在經營管理上的特殊才能，此外，他還擁有無限的活力與極度強烈的進取心，回國十八年來，他從來沒有在任何階段浪費過時間，總是不斷的往前衝刺而不曾懈怠，這不僅在國內樂界並不多見，我認為他更給今天的年輕人帶來了一個非常好的榜樣。多年來所透過宗慶的努力所累積出來的成果，不僅是他個人成績的展現，更為台灣打擊樂的發展，帶來了極大的貢獻，真是難能可貴，也讓我私下感到十分欣慰。

自朱宗慶打擊樂團成立以來，以我一個作曲家的角色而言覺得尤其寶貴的貢獻，就是他長期以來對於國人作品的重視與推動。從創團第一場音樂會起，十多年來，他從不間斷地透過各項委託創作、各種到國外演出的機會，甚至三屆國際打擊樂節的舉辦，讓一首首國人作品不斷的催生並演出，長年的累積，不僅因此創造出樂團的音樂特色，更建立起了屬於台灣自己的擊樂文化，同時也讓國人作品不斷有機會大步跨出，獲得國際上的重視與肯定。這對台灣音樂環境的深耕與發展，真的是一個不可抹滅的貢獻。

兩千年底，國家文化藝術基金會頒贈了國家文藝獎給宗慶，而他也決定把這些年來工作上的經歷與看法寫成這本書，在全書付梓之前，我細細翻閱書稿，再次回顧這許多個日子以來所見所感的點點滴滴，心中對宗慶的努力及鍥而不捨的精神感到由衷欽佩；然而另一方面，也希望藉此機會誠懇表達出我對他更多的期待，雖然多年來他的成績已經是大家有目共睹的，但我依然希望在經歷了這樣的一個階段之後，他能夠從經驗中累積更多的智慧與能量，再接再厲，在自我鞭策與大家的期待下，更上一層樓！

〈推薦人的話〉

經得起打擊的人

國立藝術學院校長
邱坤良

第一次看到他的人，必然對他留下深刻的印象。圓圓短短的身材，加上長頸鹿才有的長睫毛漂亮眼睛，看起來像台塑和信的小開，不然也是什麼網路新貴。雖然身價非凡，名氣響亮，但中部小鄉村成長的背景，仍然使這位音樂家，不失質樸憨厚的個性。他的日常語言有一種淡淡的幽默，酒入腸肚，茫茫然中更是「靠妖」不絕，有一股具傳統風味的親和力。他的藝術家性格與樂團經營能力只有在舞台上、完全忘記「靠妖」的時候才會爆發出來。

他的本職是國立藝術學院音樂系教授，但更多人知道他是因為他的樂團。曾幾何時，打擊樂和他合而為一，他也成為打擊樂的代言人。是什麼樣的天賦異稟和因緣際會，可以把一向冷門的打擊系統「鼓動」為熱門項目，不但是舞台上的重要表演節目，還與幼兒教育、智能訓練扯在一起？學習打擊樂彷彿就能打擊魔鬼，無往不利，讓沒把子女送去打擊的家長因對不起孩子感到愧疚！

他創造打擊樂奇蹟，但並未因此影響在學校所要扮演的角色，他不但是一位廣受學生喜愛的老師，這幾年更兼關渡第一大系的系主任。他上課、開會、處理系務，並積極參與學校發展計畫，忙得團團轉。我經常看他帶一群年輕貌美的女助教在學校餐廳一邊吃飯一邊討論。即使如此忙碌，他的打擊樂團與基金會仍然活動不斷，一下出國表演，一下擴大營業，每天在校園看到他，也每天在報刊上讀他的消息，分不清楚誰是「本尊」、誰是「分身」。我甚至懷疑這個系主任跟一天到晚在媒體、街頭看板出現的那位打擊樂傳奇人物是不是同一個人，否則，他怎麼會有阿諾般的精力，難道人胖就可以這樣厲害？

他真是一位組織高手、最好的藝術行政專才。從維也納學成回國的一個月就開演奏會，三年後成立國內第一個打擊樂團，這時他還不到三十歲。他是一個夢想家，別人看來空幻的夢想，對他卻是可以摘取的理想，似乎只要不斷的主動打擊或接受打擊，沒有不能實現的夢想。他自認善於經營氣氛，能夠把握各種機會，更重要的，他能用人、帶人，在他手下做事的人都有很強的向心力。最近他的樂團成立十五週年紀念音樂會，老幹新枝濟濟一堂，就可看出他的魅力。我發覺他的樂團有一個特色：女生一個比一個漂亮，從表演者、行政人員到打雜的女工莫不如此；相反地，男團員則長的比較青菜，不過也有他的影子，包括武頓（或五噸）的身材與自信的神情。

今天台灣的音樂圈或表演藝術界，他大概是最雅俗共賞、老少咸宜的人物，不僅藝文界熟悉他，士農工商、婦孺老幼也都知道他。在中南部的鄉鎮，「朱宗慶」斗大的三個字，比縣政府、鎮公所的招牌還醒目。他的打擊樂教學中心之多、分佈之廣，媲美郵局和Seven-Eleven。如果有人說他的名字在鄉下比貝多芬、馬友友還響亮，一點都不用懷疑。

朱宗慶所創造的藝術成就與事業版圖不但是他個人的榮耀，也是台灣藝術生命力的展現。他的成功不是偶然，天賦加上自信，夢想加上堅持，終於形成朱宗慶音樂霸權今天的局面。

〈推薦人的話〉

藝術領域的自我追尋

教育心理學博士
吳靜吉

在台灣擅長且有效經營個人形象及團體的藝術家雖然不少，可是能夠成功地經營一個擁有二十六間連鎖教學機構的藝術團體，只有朱宗慶一人了。

他在創作演出上有耳共聽、有目共睹，在大學教學和行政上也口碑甚佳，但能三者兼顧得宜，且掌聲不絕於耳，實在是藝術界的「奇葩」。他的時間管理、生活和事業的經營策略，有目標、有計劃、有創意、能執行、能從評估中成長，加上為人謙恭溫和，這都只是他許多優點當中的一部份而已。

我必須承認就是因為這樣，我從來沒有幫過朱宗慶任何的忙；朱宗慶剛回國的時候，我已從許博允的讚美聲中知道朱宗慶這個人及打擊樂未來的發展，每次見面，他都自信謙和地談論音樂、談論表演藝術、談論藝術的經營等等。我發現，我能做的，他都能做得很好，我不能做的，他也能做得很好，於是心中總有一份好奇心，到底朱宗慶為什麼是朱宗慶？本書給了我一些啟示性的答案。

其中有三個特色想提出來和大家分享。

第一，目前活躍於舞台和媒體的成功藝術家兼經營者中，他是極少數主動尋找並學習本土的角色楷模，從而自我成長的人。雖然家族中似乎有些「臥虎藏龍」的音樂基因，卻是朱宗慶他自己「龍騰虎躍」堅持興趣、努力學習，在音樂素養形成的階段「獨上高樓，望盡天涯路」，最後從台灣當代的藝術家和經營者當中，認定學習的楷模，創意綜合各門派的精髓，自創經營招數。

第二，他打破文化禁忌（做人最衰——剃頭、打鼓、吹鼓吹），選擇了一個藝術界不重視、社會不鼓掌的樂器。打擊樂在今天台灣的藝術定位，真是他創意執行的奇蹟。

第三，他是個尊重「管理」專業的藝術家，台灣不少藝術家習慣別人傾聽或觀賞他們的演出或展覽，難免認為管理專家不懂他們，因而很難角色易位去尊重管理專業。朱宗慶是特例，他相信潛在學習和默認知識，他閱讀管理書報、互相驗證。他誠心挑戰自己，挑戰藝術管理。

我相信這也就是為什麼他願意擔任兩廳院主任的主要動機之一，這本書應該做為一般的知識管理和具體藝術管理的參考書，更重要的是讓我們了解到一個藝術家自我追尋、成就事業的心路歷程。

〈前言〉打擊樂的學習之路

台灣有一句俗諺說：「做人最衰——剃頭、打鼓、吹鼓吹」，意指在傳統社會的價值觀中，「打鼓」這項工作，是不被尊重，也不會有什麼前途的。也因此，台灣的父母，尤其是早期社會中的父母們，大概都會反對自己兒女以此作為終身的職志吧。

我在鄉下經營小生意的父母，顯然對於這樣的說法不很「敏感」，不但是長了二歲的哥哥很早就開始學習爵士鼓，而且當我升上國立藝專四年級，並且決定將主修改為「打擊樂」的時候，他們雖然沒有特別加以鼓勵，但是也完全沒有絲毫反對的意思。這在當時那個風氣還不十分開放的社會中來說，已經是十分難得的了。

所以，就打擊樂的啟蒙來說，我是幸運的，不僅僅享有父母的完全尊重，讓我可以「為所欲為」地選擇報考藝術學校——國立藝專就讀，而且就在藝專遇上了當時的音樂科主任史惟亮老師，並且在他的推薦與鼓勵之下，朝著「打擊樂」的領域發展。也因為這樣的機緣與栽培，才可能有了今天的我，和我所創立的所有「打擊樂」相關團體與組織，以及今天全台灣數十萬的打擊樂學習與欣賞人口。

回想起來，學習打擊樂過程中最苦的時候，便是我在維也納進修的那段日子，包括體力與精神上的苦，只是，那些實在還是自找的，因此所有的苦都得自己吞嚥，不能回頭。

去維也納之前，我已經在台灣省立交響樂團擔任打擊樂首席有段時間了，要堅持拋下安穩的職位與生活，要到異地深造，「勸退」我的人不知道有多少，幸而自己相當頑固，父母和哥哥又願意全力支持，才終於成行。老實說，我在機場就已經有些後悔了，面對家人依依不捨的心情，以及對於那一個陌生城市的恐懼感，再加上飛機延誤了四個小時，我又因為不知名的原因整天都身體不適，其實心理上是有點想著要放棄，甚至已經開始向航空公司探聽回國的班機，所幸因為沒有飛機可以回家，所以我「不得不」飛往維也納。

可是當我終於抵達學校，理所當然的要進教室潛心學習之際，出現了第一個大問題——教授認為當時二十五歲的我「太老了」，因此根本不願意收我為學生。

這是個始料未及的困頓，被潑了一桶冷水的我，只覺得難過得想要立刻收拾行囊返家，可是心理上又不願意這麼輕易的退卻，總覺得當初是反抗所有人的疑慮而出國的，長輩的紅包也收了，親友們送行的飯也吃了，如果才剛剛開學就回家，面子上實在掛不住。幾番思索後，我決定留下來「奮戰」。

如果教授不收我為學生，那麼我就旁聽吧！勤快的我每天出現在教室裡，跟著眾人一起學習，我相信我不比任何一位學生差，只是上課的機會永遠輪不到我，我只有在一旁旁聽的份。有一天，有位同學缺席，教授空出了一堂課的時間，便要我頂替試試，我的表現讓教授極為「驚艷」，他對我高度讚賞，而我也自傲的回他一句：「我一直都很棒，只是你不給我機會而已！」自此之後，我終於成為正式的學生，正式如願成為華特懷格教授的門下。

學習的挫折不少，但是因為相信勤能補拙，所以我總是以加倍於他人的努力，保持學業上的優異成績。不過有一次挫敗經驗，是讓我印象深刻的。那是與當地台灣留學生所組成的同學會一起到養老院演出，還記得演出的是由巴哈A小調小提琴協奏曲改編的木琴協奏曲，才演出沒多久，我就發現自己因為太過緊張，竟然把樂譜忘光了。我幾乎可以說是倉皇的把曲子「混過去」，而我相信台下那些長年浸淫於古典音樂的老先生老太太們，也都知道台上這位黃皮膚黑頭髮的年輕人，已經演出失常了，只是因為修養夠好，他們還是很用力的鼓掌。

雖然聽眾沒有苛責，我自己卻自責不已，甚至又出現了「放棄、回家」的念頭。拖著沮喪的步伐，我走進一家咖啡廳，坐下來點了杯咖啡靜靜的啜飲，想著要如何善後，該如何面對自己和家人的期盼。半個小時的冷靜後我想通了，這不過就是一次演出失敗吧，等到我二十年後再看看這件事，它便顯得無足輕重，我又何必要在此時這樣的為難自己呢。

一旦把關照的時間拉長，就發現一個現在看來不得了的挫折，原來也不過是長長人生中的一點點，濃度根本就太低，沒有掛意的必要。這樣的想法影響著往後我所有對人對事的態度，每當我的學生、團員、工作夥伴們因為挫折，而跑來向我訴苦的時候，我便告訴他們這樁歷史事件，鼓勵他們把自己的感受放淡，把時間放長，那麼天下就沒有什麼大不了、不能解決的事情了。

想來，這竟是一杯咖啡的功效呢，讓我體悟到一項重要的人生道理，以及繼續在那個冰天雪地的國家繼續唸書的動力。而老實說，咖啡也是讓我有了「辦樂團」想法的原因之一。

記得當留學生時，經費很拮据，也不知爸爸媽媽和哥哥是哪裡籌到的錢讓我繼續唸下去的，因此每一分一毫都不敢浪費。那時僅有的一點點娛樂，除了去看一場演出，就是存一點錢到咖啡館，點一杯咖啡，坐一個下午。我並不是對咖啡有著極度喜好的人，上咖啡館其實是為了那一種說不上來的舒坦氣氛，彷若時間在那裡是停滯的，沒有人大聲喧嘩，沒有人急促的灌下一杯咖啡只是為了提神，人人總是神態自若，悠閒極了。

我總認為，這樣的悠閒與自在，才真是人應該追求的生活——閒暇時，可以去聆聽一場好的音樂會、喝一杯咖啡，而不要太在意賺了多少錢、完成了多少事。所以在維也納的就學期間，我興起了辦一個「好樂團」的念頭，這樣的想法醞釀了一陣子，一直到我終於拿到文憑，要回國之前，我才認認真真的擬出十五年計劃，並且在回國的三年半後，創立了「朱宗慶打擊樂團」，讓打擊樂在台灣萌芽、茁壯，而終於有了今天的規模。

第一章
擊樂年代的誕生

還記得有人問我：「朱宗慶，你還有什麼新花樣?」對我而言，打擊樂只是另外一種管道，是大眾接觸我理想的另一種方式。我從來沒有預料一定要成就什麼，只是做了一個決定，接下來便戮力以赴：不為自己設限，只問是否已經盡了全力。這種態度讓很多事情比我原有的計劃還提早完成，也就是因為這種出人意料的「打擊樂」成功案例振奮人心，後來許多不同型態的演出團體陸續成立，讓台灣音樂界變得更豐富、更多元。

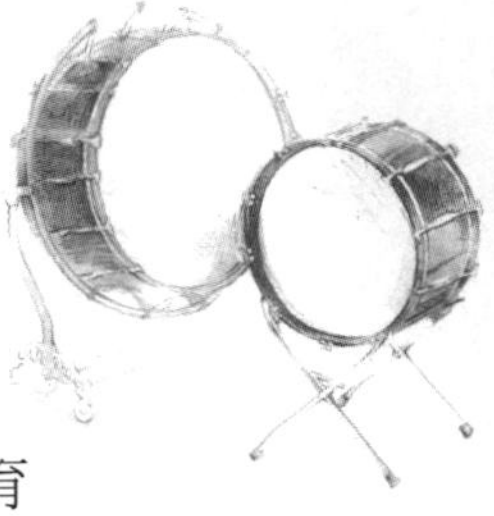

1 我扔開安逸，選擇挑戰

我並沒有從小立志當音樂家。和很多同輩的人一樣，我的音樂啟蒙是家鄉廟口的野台戲，真正的音樂教育一直到進了初中的學校樂隊才開始；而且，一開始學的樂器還是鋼琴以及管樂，甚至考藝專時，也選擇以「管樂」為主修。然而後來，我卻一頭栽進「打擊樂」的世界，甚至，還創立了國內第一個打擊樂團、第一個「打擊樂教學系統」，以及第一次的「台北國際打擊樂節」。

回想起來，是人生中的二個轉折，將我引導到了現今的路上。其中之一，讓我發現了打擊樂的豐富，而另一個轉折，則成為所有夢想成真的起點。

初中畢業之後，我決定去考藝專，這是想要進入音樂領域最自然不過的一種選擇了。經過一年的苦拼與練習，朱宗慶這個來自台中鄉下的小孩，居然也就考上這所藝術學校，而且我的主修還是「管樂」。

在藝專讀書的那個年代，還沒有多少人真正了解「打擊樂」，學校裡也沒有人玩「打擊樂」，可是學校的管弦樂團卻經常需要打擊樂手。因為我在中學的樂隊中學過一些打擊樂，就偶爾上場擔任打擊樂手。

以信心出擊敲出音樂路

當時，正巧美國籍的打擊樂家麥蘭德在藝專指導「打擊樂」，科主任史惟亮認為台灣需要打擊樂的人才，便建議我朝打擊樂發展，並介紹我向這位美國音樂家，以及後來來台指導的國際擊樂大師北野徹學習。史惟亮老師的看重，對我這個年輕的學生意義重大，就在他的指引與幫助之下，我正式進入打擊樂的領域。

這是我音樂之路上最重要的轉折點之一，感謝史惟亮教授的信心與鼓勵，讓我有了這個機會去領略「打擊樂」的美與內涵。加上當時「現代音樂」在台灣剛剛萌芽，年輕一代的音樂家，如許博允、溫隆信、樊曼儂以及李泰祥等人，都在玩現代音樂，而「打擊樂」往往是不可或缺的要角，因此我加入他們，什麼都敢於嘗試。幸而那時候，大多數的觀眾對於現代音樂或打擊樂也不懂，當然也不挑剔，我們演出就少了一些包袱、多了一些自在。也許是初生之犢不畏虎，我對於自己的演出，自然就有了更多的信心。

所以當我進入國防部示範樂隊服役，真的感到如魚得水，因為軍樂中最重要的元素之一，就是打擊樂，而無論哪一種打擊樂器，都已經難不倒我。我在軍中受到了相當的重視與注目，甚至聲名遠播到國內當時最為重要的三大樂團——台北市立交響樂團、台灣省交響樂團，以及當時由國泰企業籌組的台

年輕的朱宗慶在樂界已小有名聲。

北愛樂交響樂團。還沒退役，三個團的打擊樂空缺都已經虛位以待了。

後來我選擇加入省交擔任打擊樂首席。當時生活穩定，待遇也堪稱優渥，在樂界又小有名聲，這應該已經是當時一個學音樂的人可以走到的頂點。可是我在當了一年半的首席之後，決定拋下這一切，遠赴古典音樂之都維也納唸書。這一次，周遭勸阻我的朋友相當多，他們認為我在走回頭路，因為拿個文憑回國，最多還是樂團的打擊樂首席，薪水也不會更多。

自己的挑戰自己給

我一直對於「安逸」有種不安的感覺，覺得那是一種讓人停滯的最好藉口，因此我好像總會在一陣子的「安逸」之後，就為自己找一個「挑戰」，作為再進步的一項動力，也當成另一個再努力的起點。那個時候，「出國唸書」就是必然的一項挑戰，雖然知道一旦踏上旅途就會有更大的困厄等著我，可是內心中一股不能滿足的慾望，還有那種不願認同別人為自己設下限制的頑強，讓我不想原地踏步。終於還是收拾好行囊，離開了省交，暫時告別家人，遠渡重洋。而這樣的一段經歷，則是我日後努力實踐夢想的第二個轉折點。

在維也納唸書的期間，除了留學生生活必然的清苦，語言上也是困難重重。為了彌補語言上的障礙，只能加倍努力，每天清晨六七點就到學校排琴房練琴，即使是氣溫不到零度的冬天也一樣，從未間斷。多出來的時間我便去修習其他的科目，讓自己接觸面更廣，視野更開闊。

不過，語言其實是最小的問題，教授和自己給的壓力才是最難熬的。因為學校要求嚴苛，每一屆能夠畢業的學生不多，教授因此竭盡所能要求學生，而我也很清楚自己必須儘早拿到學位，因此幾乎是用了所有氣力，要在最短的時間內學到最多東西。當時每天至少練琴五到八小時，曾經練得胸口悶痛，以為自己得了心臟病，也曾經拉傷了肌肉，卻還纏著繃帶繼續練習。

挫折太多，可是因為不願意回頭，不願意輕易地放棄，只能訓練自己應對困難的能力。我想就是「堅持」的一股氣，以及將視野放遠來看問題的思考方式吧！讓所有的困難看起來都微不足道，所以要度過難關也就容易很多。這樣的思考方式在往後十多年的日子裡，對我有極大的助益，也幫助我度過許多困頓的關卡。

這樣刻苦的成果是，讓我在二年半內拿到了演奏家文憑，這是維也納音樂院當時的最高學位，當屆打擊樂只有我一個人畢業。可是除了文憑，我認為最重要的收穫是在國外生活的經驗，它讓我對於生活中的美感有更深刻的體會。在維也納的二年半內，走遍了歌劇院、音樂廳、博物館、美術館，竭盡所能去聽音樂會、看表演，我對於那種可以隨時隨地享受「美」的生活十分難以忘懷，而且期望將這樣的經驗感受帶回國內。於是我在回國前就動手擬定計劃，希望能夠找一群志同道合的人組一個團，推廣音樂，未來也可以像是「維也納愛樂」、「柏林愛樂」一樣，讓音樂成為國人生活中的一部份。

這就是「樂團」這個想法的開始。所以至今我仍然慶幸，當初的我拋棄了安逸的日子，選擇了這一條辛苦的道路；也因為有了這一段經驗，我對於困難與挫折，有了另一層認知。當時莫名的勇氣，造就了今日的朱宗慶。

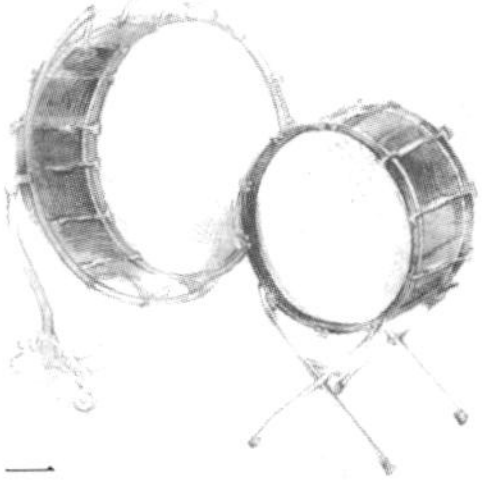

2 朱宗慶的新花樣

一九八二年六月二十九日我學成返國，回國的第二天，就立刻投入工作；一個多月之後，還舉辦了返國後的第一場音樂會。

除了在省交擔任打擊樂首席之外，我同時展開了第一次大規模的打擊樂「佈樁」工程。那一年，台灣省教育廳舉辦「台灣省音樂教育研習會」，在全省各地舉行研習營，讓老師們可以參加後累積進修點數，有利於往後的升等。第一年，我就到全省各地進行了一共五十場左右的演講，透過演講接觸的老師至少有五千到六千名。我用很簡單的語言配合示範，將打擊樂

懷抱著滿腔理想與熱忱，朱宗慶回到台灣，舉辦返國後第一場音樂會。

介紹給這些老師，結果大受歡迎，老師們反應甚佳。

當時我發現，這些前來聽演講的老師們，並不全是音樂老師，很多是因為有興趣，或者是為了升等而來，這讓我有了一個想法——僅僅一個人，我無法親身接觸說服所有的潛在聽眾，但如果這些老師們能夠對於音樂或打擊樂產生興趣，而且進一步影響或鼓勵學生來聽，打擊樂的欣賞人口就會迅速建立起來。以一位老師影響五位學生的比例來粗略計算，我一年的五十場演講將可以間接培養二、三萬名潛在打擊樂欣賞人口。

夾攻新的音樂市場

事實上，這樣的想法也證明確實有效，老師對於學生的影響力在人生的某些階段是最大的。在當時的社會條件之下，

就是這些樂器，陪伴著朱宗慶「全省走透透」舉辦打擊樂研習營，散播擊樂的種子。

「打擊樂」這個陌生的音樂型態，能夠迅速受到大眾的接納，這些老師們的協助功不可沒，他們回到校園不僅能夠向學生介紹這樣的音樂，還十分熱心地為將來的音樂會宣傳、推票，成為日後樂團分散於全省各地的忠實「樁腳」。這樣現在看來類似「直銷」的音樂推廣方法，在當時是一種很少人做的嘗試，可是後來卻成為許許多多藝文團體的基本推廣模式之一。

此外，我也在國立藝術學院、國立藝專、文化大學、曉明女中教書，並開始招收個人學生，像洪千惠、張覺文、鄭吉宏、吳欣怡、吳珮菁、林怡昕等人，就是我的第一批學生，也是後來樂團的第一批團員。同時我還積極地向設有音樂系的學校遊說設立打擊樂組，因為我知道，打擊樂的推廣，僅僅靠一個人的努力，成果會是有限的，只有學校開始重視打擊樂，培養打擊樂音樂家，這塊領域才有豐富收割的一天。

在曉明女中授課情形，左一為林怡昕，左三為吳珮菁。

這就是我初期的「夾攻」策略——一方面有製造的豐富資源，另一方面也要有推廣的管道。

然而這樣的策略，講的是長期的效果，不能立竿見影。為了讓一般社會大眾在短期之內對於「打擊樂」能夠建立認識，甚至於愛上打擊樂，我還有另一種做法，便是透過大眾娛樂媒體，去開發沒有接觸過古典音樂的民眾。我還記得自己第一個參加的節目，是張小燕主持的「綜藝一百」，我在節目中作了打擊樂的介紹，並且作了一些演出。效果真的很好，之後，我又陸續上了一些綜藝節目，推廣打擊樂。

營造愛上音樂的氣氛

古典音樂家上綜藝節目，這件事顛覆了很多人對於古典音樂的想法。在此之前，音樂家給人的印象都是中規中矩，去聽音樂會是要穿西裝打領帶、正襟危坐聆聽。但是透過這樣的娛樂媒體，很多平常不接觸藝文消息的人終於發現，古典音樂還有很不同的面貌，並不一定難懂，所以他們願意「撤防」，去聽一場打擊樂的音樂會。而我相信只要願意踏進音樂廳，他們會愛上打擊樂，我的目的也就達到了。

而且我也善於營造氣氛，每一次的記者會，我都竭盡所能邀請所有媒體記者前來，一來希望滴水不漏，透過所有可能的管道接觸民眾，二則為記者會製造熱切的情緒，彼此感染，讓媒體記者先愛上打擊樂的熱情，他們才會將這樣的感受傳達給讀者。這些現在看似平凡無奇的做法，在當時卻很少人實行，至少，不像我這樣的大張旗鼓。

還記得就有人這樣問我：「朱宗慶，你還有什麼新花樣？」很多人很難想像，為什麼我不像其他學音樂的人一樣，到省

「花樣百出」的朱宗慶永遠讓媒體記者充滿了好奇。

交、市交、台北愛樂這些有名的團體中，謀一個安穩的職位，而是東奔西忙地推廣這種絕大多數人不懂的「打擊樂」。其實，我只是想帶回一種可能性，因為當時的社會，雖然各項條件都不算齊備，但是卻有著太多蓄勢待發的能量，許多作曲家如馬水龍、賴德和、溫隆信、錢南章、潘皇龍以及李泰祥等人，都在為音樂找更寬闊的發揮空間，而雲門舞集則在林懷民老師的帶領之下，風靡整個台灣。

所以對我而言，打擊樂只是另外一種管道，是讓大眾接觸我理想中美好生活的另一種方式，我從來沒有預料一定要成就什麼。我只是做了一個決定，接下來便戮力以赴，用盡所有的方法去完成我的目標；我不給自己限制，只問是否已經盡了全力。也許是這樣的態度，很多事情都比我原有的計劃還提早完成。而事實上，也許就是因為這種出人意料的「打擊樂」成功案例真的振奮人心，後來就有很多不同型態的演出團體，在短時間內陸續成立，讓台灣音樂界變得更豐富、更多元。

當時的我，只有二十七、八歲左右，雖然我不太能確定必然會有如何的好成績，但是我有滿腔熱情，也充滿了幹勁。幸運的是，很多人也有信心，並且適時地給了我心理上的鼓舞。

就拿報社記者為例，我才剛回國不久，有次我哥哥說服《聯合報》地方版的記者朋友，為我做了大篇幅的報導；十天之後，當時服務於《聯合報》的黃寤蘭小姐也寫了一篇我的故事，登上全國的版面，突然之間，大家開始留意到有這麼一個叫做朱宗慶的人，玩一種叫做「打擊樂」的東西，看起來十分有趣。接下來，《民生報》侯惠芳小姐更給予我極大的支持，信任我、鼓勵我，並且經常加以報導。此外，救國團還在一九八三年頒發「青年獎章」給我，那時我回國還不到一年，那種受寵若驚的心理真的難以形容，我越來越對自己產生勇氣，越來越相信自己可以完成夢想。

從媒體到獎章的肯定，讓我清楚了解一件事——人需要被鼓勵，因為那一種被尊重與重視的感覺，會對自己形成一股壓力，驅策著自己更加努力。

也因此，現在的我總希望讓有能力的年輕人得到更多的機會，我不吝於肯定，也讓他們感覺到我對他們的重視。我總是希望當初人們給予我的，我也能贈與下一代的人，如此一來，會有更多有夢想的人，有更多的自信，找到實踐理想的舞台，就如同當年的我一樣。

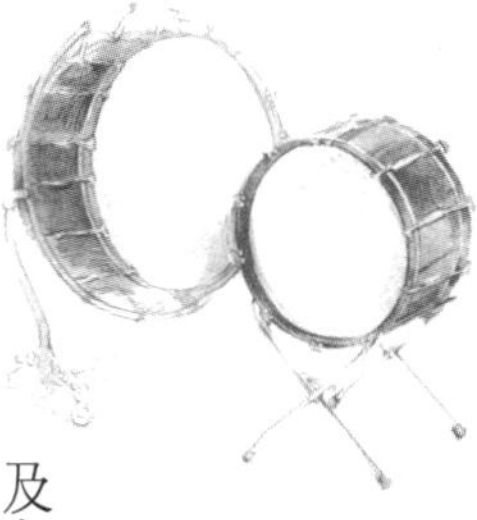

3 火鍋店內的慶生會

原本的計劃裡，樂團要在我回國五年之後才成立，在這之前，我希望透過個人的音樂會、演講與示範，以及各種教學研究，為團體先儲備本錢，也找到觀眾，然後才能真正著手組團。根據預估，這些準備工作大約要用五年的時間完成。

不過在這一段推廣「打擊樂」的時期內，我已經常常帶著學生，四處應邀進行示範演講。因為音樂具有相當的渲染力，只要曾經來現場看過演出的人，幾乎都會喜歡上打擊樂，所以我總是在演講中安排演出示範。我的學生們本來只是在演講過程中幫助我安排樂器，在他們的技巧有了一定程度之後，我也會安排他們上台與我合奏些曲子。

一九八三年年底，我和學生們實驗性地，在台南和台中各舉行了一場「打擊樂音樂會」；一九八五年，我們又在台北舉行一場「朱宗慶師生打擊樂音樂會」，應該可以說，這個時候樂團的雛形已經浮現。而且，每一次的演出，觀眾的熱烈反應都讓人驚訝，我可以感受到，「打擊樂」的空間出現了，而我們也已經累積了一種無法阻擋的能量，即將爆發。

冥冥之中似乎一切都安排妥當，其他的組團元素也陸續出現——例如我們的團名。在師生音樂會舉行過後不久，我和學生們應邀到高雄參加音樂家溫隆信先生舉辦的一項活動演出，我還清楚記得那場活動的主持人是當時十分有名的演員陸小芬小姐。為了方便向觀眾介紹我們這樣一個團體，溫隆信先生便稱我們為「朱宗慶打擊樂團」。這是樂團的名字第一次出現，但是那時候，我們還不是一個正式的團體，也沒有想到，這個名字就從此和樂團密不可分。

叮叮咚咚的寒冬

雖然離預計還有一年半的時間，不過此時的我已經可以確定，樂團必然要成立了，因為觀眾的熱切出乎我們的預料；我的家裡，堆滿了我幾年內添購的各式各樣樂器；而我那群平均年齡還不到二十歲的學生們，已經默契十足，可以一試身手了。因此，我們宣佈成立，那一天是一九八六年一月二日，還是凜冽的冬天，大多數人因為新年的關係，可能還在家休息睡覺，而我們因為踏出了夢想的第一步，歡天喜地。

樂團是在台北國聯飯店宣佈成立的，慶祝會就設在忠孝東路的韓香村火鍋店，我們因為「朱宗慶打擊樂團」的成立而興奮不已。半開玩笑地，團員們一個個輪流上街打公共電話到火鍋店裡找自己人，只為了想聽到餐廳擴音器大聲嚷叫那一句：

朱宗慶帶著這群平均年齡不到二十歲的年輕人，開創了台灣的打擊樂之路。

「朱宗慶打擊樂團，櫃檯電話！」我們笑說是要為這個新樂團做宣傳，可是我想其實大家都想透過別人的口，一再提醒我們自己這個事實——樂團成立了！

不過，我的所有積蓄幾乎都用在樂器的添購之上了，一開始根本沒有錢為樂團租一個場地，所以決定將團址及辦公室設在我的家中。那時我在樂業街上的房子不過三十餘坪，將客廳與飯廳間的牆打掉後，就有了一小塊可以使用的場地，然而放了樂器之後的空間，也僅夠轉身而已。我還第一次聘請行政人員——秘書鄭惠玲，就在這個擠得不能再擠的小空間上班。

貴人相助

所幸，有許多相信我們的人，在這個時候給了我們很多幫助。馬水龍教授就是其中之一，他當時是國立藝術學院音樂系主任，他毫不吝惜地將學校的資源提供給我使用，因此我們的樂團可以在學校的場地練習。同時，在音樂的觀念上，馬老師也給了我很大的啟發，他認為唯有作曲家與演奏者結合，才能讓打擊樂的領域更加豐富，我對此極為認同，因此一直以來都十分重視國人創作。

舞蹈家林懷民老師則給予樂團成長發展最佳的參考典範。我回國不久，就在林懷民老師的邀請之下，進入國立藝術學院舞蹈系教書，教導舞者認識舞蹈與音樂的關係，並經常隨同雲門出國巡迴演出，因此與林懷民老師以及雲門舞集建立了長期而深厚的情誼。我仔細的觀察林懷民老師經營雲門的方法，一方面學習，一方面構思著我自己的團體，而林懷民老師從來不吝於提供他的個人經驗，讓我在創團的一開始，可以先做好準備，避免掉一些可能的錯誤。

樂團的誕生與成長，林老師對我的影響很大，而樂團創團十五年來，我唯一一次曾想過解散樂團，也就是雲門第三度宣

與雲門舞集合作演出，在八里的雲門排練場排練。

佈暫停的時候。當時樂團正由業餘逐步轉型成為半職業的演出團體，雲門的「暫停」對我的衝擊很大，然而社會上的反應卻出奇地冷漠，對於這樣一個對台灣文化發展有著卓越貢獻的團體宣佈暫停，竟然沒有強烈的嘆息與挽留。於是我也開始對於自己以及樂團存在的必要性產生了質疑，覺得或許這樣的投入與專注，其實是一廂情願，可能就算沒有了樂團，也不會有太多人在意。所幸當時我還是堅持下來了，「朱宗慶打擊樂團」也才得以在今年熱烈地慶祝成立十五週年。

而為我們樂團想了名字的音樂家溫隆信先生，則送給樂團很實際的慶生禮，不僅提供了我們第一次演出所需要的部分樂器，還與許常惠老師一同帶著從來不懂得尋求外援的我，去找當時的文建會主委陳奇祿先生，要到了生平的第一筆補助款十萬元。而善於演出實務與行政執行的高哲彥先生，則協助我們

朱宗慶打擊樂團創團首演，開啟了台灣音樂史上的新頁(右一高舉鼓棒者為朱宗慶)。

做海報、編節目單，還教我們一些開記者會的禮儀。一直是好朋友的双燕樂器公司陳少甫先生，提供了我們免費的樂器，而且還常常捲起袖子幫著搬樂器、整理舞台。

堅持樂團職業化

就在這些人的全力協助之下，樂團不但順利成立了，並且在宣佈成立的四天之後，舉行了創團音樂會——「串聯」，我的打擊樂啟蒙老師北野徹接受了樂團的邀請，來到台灣和我以及我的學生們「三代同台」演出。北野徹先生大概想像不到，當年他來台灣教我打擊樂時，台灣的打擊樂壇還是一片荒原，而短短幾年內，他有了一批徒孫，而台灣有了第一個打擊樂團。

當然一開始，樂團是以業餘樂團進行登記，學生們利用課餘的時間一起練習，遇到有演出，再另行安排演出的種種事宜。這時他們領的是演出費用以及少許的車馬費。然而到了第五年，樂團的邀演機會日漸增多，團員們的投注時間與精神日益增加，再加上他們陸續要離開校園，謀一份足以自主獨立的工作，也剛好當時獲得了文建會扶植團隊的補助以及藝術貸款，於是我就決定將樂團「職業化」，支付團員全職工作的薪水，相對的他們要付出更多的時間與心力，把樂團的練習、演出當成他們的「專職」，讓樂團的水準更上層樓、精益求精。

這是一項冒險之舉，一旦把樂團職業化經營，就等於對團員們做了承諾，要讓他們生活無慮，可以全心投入，要做到這樣的承諾，樂團就得有長遠的規劃、不斷成長的機會，以及穩定的收入。可是誰也不知道觀眾們對於樂團的好奇心與熱度能夠維持多久，樂團職業化之後，會不會反而要面臨入不敷出的尷尬。

我大可選擇保持業餘的狀態，鼓勵團員們四處兼職演出、教課，等到有演出再集結起來練習即可。可是維持業餘的狀態，樂團的品質將難以保證，團員可能會沒有向心力，這不是一個用心的藝術團體應該有的情形。為了表示認真以及對樂團的看重，我將樂團職業化，以所有的身家財產當成成本。事實也證明，職業化確實有其必要，而且它成為一種驅策力，讓所有成員都更加嚴肅地看待樂團的所有，終讓樂團更形成熟，而有今日。

我想，應該是那種鄉下人憨直、不夠精明的特質，讓自己從來沒有猶豫，創造了這樣一個空前的「另類」古典音樂團體。雖然不知道這項特質究竟算不算一種優點，但我可以確知的是，很多時候想多了，反而就失去了真正動手做的勇氣，機會稍縱即逝，一個人能有幾次說「不」的機會呢。

人的潛力無窮，這是我母親從小告訴我的，而我也相信，只要用最大的誠意，實踐每一項自己許下的承諾，「希望」就會成功。如果今天朱宗慶打擊樂團可以被認為是一種成功的範例，那麼這些我一直奉行的信念，或許真的有其價值。

4 向習慣領域宣戰

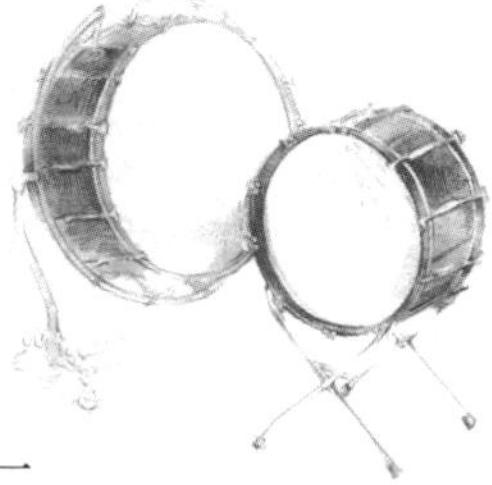

在我剛剛回國的那一段期間，國內的藝文風氣還不是十分的發達，欣賞藝文活動對絕大多數的人來說，是一項陌生而嚴肅的事，都市裡的人會打上領帶，穿著西裝，盛裝參加一場音樂會；而尤其沒有太多藝文資源的鄉下地方，表演則還離不開廟會慶祝形式，音樂會是一種稀有的概念。

而「打擊樂團」就更匪夷所思了，「打擊樂」是什麼東西，居然還可以組一個團，還要開音樂會？

因此，樂團成立之後，要改變的不僅僅是人們聆賞一場音樂會的習慣而已，還有觀眾們最基本的觀念。這個時期，我們遭遇到的困難，一是演出場地，二是周遭對我們的看法，三就是人們的習慣領域。

首先是場地。由於當時的社會，表演藝術不能算是普遍的活動，我們最常遭遇到的困難是找不到合適的公演場地。當時最高檔的場地，例如台北的實踐堂和中山堂，而其他地區的演出場地則條件更差，不要說硬體的條件，就連廁所、座椅、空調這樣的基本設備，也常常付之闕如，或者不堪使用。

也因此每當我們演出，除了台上樂器的擺置、音響燈光的架設，還得去清洗場地的廁所、打掃場地、排椅子、自行貼座位號碼；演出完畢之後，也還要將場地清洗乾淨，才能歸還給管理人員。所以那個時期我們的行政人員都有豐富的打掃場地經驗，甚至不是我們造成的髒亂，場地人員也會要我們打掃乾淨，我們經常二話不說，捲起袖子，提桶水，抓支刷子就動手。這樣的情況，甚至一直延續了好幾年，才有所改變。還記得大家當時用了一句話來形容樂團的工作人員：「女人當男人用，男人當畜生用」，這句話或許不甚文雅，卻很貼切地描繪出當時的工作狀況。

有幾次，場地的管理人員拒絕我們的演出申請，因為他們覺得「打擊樂」

可能很暴力，會毀壞場地設施。我花了不少精神與口舌去說服這些人，還得簽下切結書，保證所有的設施都不會毀損，才獲得批准。值得驕傲的是，一旦這些場地的主管人員看過我們的音樂會，態度上都有了一百八十度的轉變，會極力邀請我們再次演出。

很多事就是要靠真正的去做才能驗證，我們所作下的保證與承諾，一定會完成，於是人們開始信任我們。

我要一口氣撐下去

其次，提高觀眾對於「打擊樂」的接受度，也是我們一開始致力的目標。老實說，即便樂團一成立就受到了相當大的矚目，我們的音樂會一般而言也都受到了相當的歡迎，還是有很多人不認同我們的樂團，以及我們的音樂。很多人，甚至音樂界的人，會認為我們太年輕，撐不了多久；而有些觀眾，會在我們的問卷中留下嚴苛的評語，說他們完全聽不懂我們在演奏什麼。

年輕的缺點之一，就是會受到批評的影響——即使批評極為少數。可是年輕的一大優點卻是，勇氣與熱忱不虞匱乏。隨著時間與經驗的累積，我們越來越懂得如何去調整看待批評的方式，或者懂得忽略那一些沒有建設性的批評，而去堅持自己相信是對的東西。樂團的成員們和我一樣，堅持著那一口氣，我們相信做事是長期的，別人的看法則是短暫、剎那間的。

這個時期，我們也開始教育觀眾，透過音樂會的定位，學習聽音樂會。因為打擊樂是多元的，演出內容可以職業、可以通俗、可以傳統、可以現代，很難在一場音樂會裡包含所有的可能性。所以我們自己將節目分類，推出經典音樂會、國人作品音樂會、音樂劇場、戲劇音樂、兒童音樂會、推廣音樂會、

打擊樂的素材俯拾可得，水桶、刷子經過巧妙設計，也可以奏成輕快活潑的曲子。

節慶音樂會、實驗音樂會、校園音樂會等等不同屬性的音樂會，並且就每一次活動應該有的藝術與教育考量，斟酌調整演出內容，讓不同的對象可以有所選擇，甚至，能有進階的概念，一步一步深入打擊樂的領域。

所以人們在踏進音樂廳的時候，他會很清楚自己可以聽到的音樂，成年人不會「誤闖」兒童音樂會，而對我們的音樂有錯誤的認知，以為我們的音樂會就是這麼的「幼稚」；或者不會在聽了一場現代音樂會之後，把我們的團體與「嚴肅」畫上等號。我們不停的「推出」新的作品以及新型態的演出，除了是對自我的挑戰，也讓觀眾們有更多的選擇，可以有更多的嘗試，同時，他們會透過我們不斷的新作，更了解打擊樂，也更了解樂團。

樂團於中正紀念堂戶外廣場演出。

走向天地爲理想拓荒

樂團成立後的第二年，我進行了一項前所未有的大膽計劃——將演出搬到戶外。我的想法是，打擊樂器可以不拘泥於正統樂器範疇，表演場地又為何不能天馬行空？星空下、曠野間、山巔海湄無一不成聽音樂的好所在。我想藉著走出戶外，突破場地的限制，以及擴大人們對於「打擊樂」的認知。

靈機一動，我想，不如就與古蹟結合吧！這項計劃叫做「暫時離開舞台——古蹟行動」，在文建會古蹟保護單位與表演策劃單位的贊同之下，我們開著卡車，載著一箱箱的樂器，造訪了四處北部的古蹟——台北市城隍廟、台北縣三峽祖師廟、台北市大龍峒保安宮，以及基隆海門天險。穿著汗衫、腳踏拖

走出音樂廳，舞台其實是很寬廣的(攝於台北市城隍廟)。

鞋的民眾，先是好奇地聚集，我們一開演，他們就再也走不開了。因為觀眾與演出者沒有距離，團員們從抵達現場開始，搬樂器、擺設樂器、試音、收樂器、上下卡車這種種在音樂廳絕對看不到的「幕後真相」，都看在好奇觀眾的眼裡，他們可以感受到我們從頭到尾的活力，而我們則接受了他們最率真的讚美：「再來一個！」

這次的創舉，不但成功的引起話題，也讓更多本來不會想要進音樂廳的民眾，喜歡上音樂——至少喜歡上我們的打擊樂。二個月後，我們在剛落成的國家音樂廳公演，創下了開演前票券售罄的紀錄，為此，音樂廳還開了香檳慶祝。這件事讓我們相信，哪裡都有觀眾，只要我們找出方法接近他們，他們就可以被我們感動，這是打擊樂的特質。

不過，並不是所有的觀眾都能被輕易地說服。我們在推廣兒童音樂會時，才真正「卯」上國人的習慣領域，挑戰民眾的認知與價值觀。

兒童音樂會是我創團之初就決定每年固定舉辦的活動，我對於兒童有極高的期待，因為他們的吸收力強、可塑性高，我相信如果從小就能接觸音樂，長大了必會由此獲益。然而在此之前，很少人有「兒童買票」的習慣，大人們很習慣的覺得，兒童可以不佔位子，為什麼要買票。我們「一人一票」的原則，對當時的許多父母來說，簡直是不合理。即使我們在票券上明白寫著小孩也要購票入場，每一場音樂會還是有父母放大了嗓子，對著工作人員吼叫，硬要夾帶小朋友入場。

進了音樂廳，最不能遵守音樂廳規則的，往往也是父母。他們會在座位上看報，甚或聊天，我們每次不厭其煩的在音樂會上教導小朋友聽音樂會的禮儀，其實泰半是說給父母聽的。我們不能埋怨這些父母們做了不好的示範，其實他們是沒有機會學習，所以我們一而再再而三地挑戰他們的習慣，希望他們有一天會懂得我們堅持的涵意與道理，知道我們要求的，不過是給予演出者適度的尊重。

「拓荒」之路極為艱苦，所幸我們老早有了心理準備，因此總是可以咬著牙，一步一步的熬過去。我想，應該是我們的執著，以及不輕易讓步，終於能讓我們的理念，透過每一場演出，傳遞出去。如今，每一年我們舉行一季兒童音樂會，固定有數萬名觀眾會購票前往聆賞，我們的小聽眾以及他們的父母們，永遠懂得給我們熱烈的掌聲與支持。當時的辛苦，現在應該算是已經有了回報。

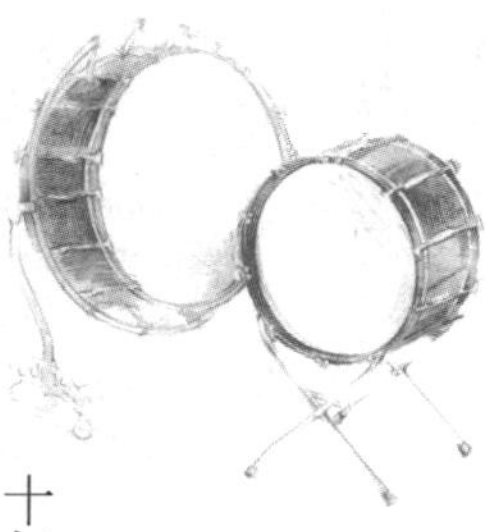

5 亦師亦父亦老闆

樂團的團員都是我的學生，其中，很多人跟隨著我學習打擊樂已經將近二十年。他們與我的關係十分密切而且特別，不僅僅因為我們花了相當長的時間在一起練習音樂、溝通想法，同時我還看著他們成長，從青澀的年輕學生，蛻變成為現在成熟的音樂家，很多人有了自己的學生，他們也加入了我們的行列，成為樂團的生力軍。

所以我和團員們之間，有著一種亦父亦師的情感，我對他們的照顧鉅細靡遺，而他們也將我當成父親般地信任與尊重。

看過樂團練習的人都知道，我是一位嚴苛的老師，尤其是

有嚴苛的要求、有深切的期許、有革命的情感、有深濃的情誼——這就是「擊樂家族」。

在剛剛回國創團的那一段期間，我對學生音樂上的要求，一絲不苟，很多學生都有被我罵得狗血淋頭的經驗。而且，我還不希望收太多學生，我的學生要有好的「品質」，指的不只是音樂方面的天份，還有做人的涵養。第一步是最重要的，如果打擊樂未來要在國內開創出一片天地，這第一批開疆闢土的人，就必須是最好的「精英」。我就是以這樣的期望，看待每一位團員。

不過，作為一位老師，我的態度卻也是開放的，我相信學生們應該要比老師還要好，尤其是以技巧而言，年輕的學生在體力與速度上，都會比老師強。因此，老師對於自己的定位與目的應該要有清楚的認知，鼓勵學生追求更高的層次，而不要將「老師」這樣的一種身分看得太過嚴重。

當我一腳踏進打擊樂的推廣工作之中，就很清楚我的這一群學生們，或許很快的會在演出技術上超越我，所以自己必須加倍努力。然而對於音樂的詮釋，他們還是稚嫩的，因為他們還沒體驗過太多人生磨練，不懂得撇開樂譜，深入每一支曲子的時代人文背景，體會作曲者的感情。而這變成我的主要工作，我要他們慢慢懂得將音樂處理得更好。

這樣「分工互補」的理念，我也將之應用在團員之間。樂團的團員們各個出自學院派的訓練，無論何種打擊樂器都難不倒他們，然而我再進一步找出每一位團員的「特質」，依照他們個人的長處與能力分工；善於「拉丁樂器」的團員，和長於「鍵盤樂器」的團員，可以依自己的需要去加強那一方面的能力，不必樣樣都要精通，當大家一起演出的時候，每個人可以有更好的發揮，聽眾可以聽到最佳的音樂。像是家庭一樣，每個人的能力不同，可是一旦集結起來，力量就會變大。

當我一開始在樂團裡實行這樣的理念時，團員們十分不能適應，然而他們的進步速度說服了自己，也證實我的想法是正確的。

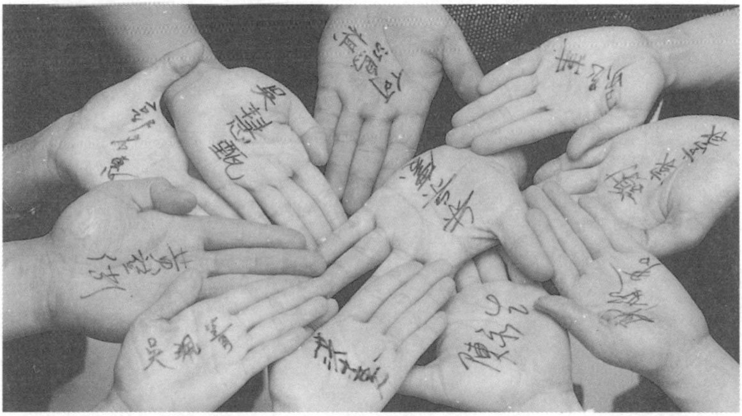

就是這一隻隻的手，握著鼓棒琴槌「打」遍天下。

好像是一家人

然而，能夠這樣做的前提是，我們必須互相信任，把彼此當成家人一般。我對於團員們，就是用這樣如同家人一般的情感去經營的，而且早在我還沒有組團之前就已經這樣作。每次收一名學生，我都會和他們的家人溝通、懇談，讓他們的家人可以信任我，將子女交給我教育；而我想，學生們也多能了解我的用心，離開了練習室、步下了舞台，他們會將我當成父親一般，把許多生活上的困擾告訴我，要我給予建言。

所以我常笑稱，我對於團員們的了解，可能還多過於他們家人對他們的了解。這不是玩笑話，很多團員是在樂團裡渡過青春期的，所有他們對於人生的選擇，像是事業、感情、婚

下了舞台，團員們像一群大孩子般活潑愛鬧，喜歡開玩笑。

姻，我都參與了一部份，而只要他們真的確定了自己的目標與方向，我一定給予支持。

我不能說樂團從來沒有動盪，事實上，一直以來團員都略有更動，有些人找到了另一個發展方向之後，就離開樂團獨立；有些人想要接觸樂團以外的生活，所以和我們告別；也有人是為了更上層樓，短期的離開樂團去進修。而樂團最為混亂的時候，甚至曾經只餘四位專職團員，必須大量使用見習團員參與演出。我憂心團員的事，嚴重的時候甚至連健康都受到了影響，因為我視他們為子女，很難坐視他們犯下我明明早就料到的錯誤。

這就是一位父親的心情吧！總會不由自主的操煩，即使子女已經下定決心離開家門；而且，我還會理所當然地原諒他們所作的任何事，並當他們真正嚐到苦頭也付出代價之後，再次包容。我沒學過管理，所有我的管理理念都來自於我對於人類心理的觀察與體會，也因此我不清楚如果就專業管理的角度來看，這種涉入很深情感的「家庭式」管理，究竟好不好，或者能不能適用於其他的機關企業。但我很清楚的是，對於樂團目前的狀況來說，這是最有效的管理方法，這樣如同家人似的感情聯繫，讓我們在事過境遷之後，會有更多的體會，反而進步更多。

不過，身為樂團的藝術總監，我也不免要有作老闆的堅持。例如當決策影響的是樂團的品質或發展時，我不會讓出太多討價還價的空間，尤其是在團員還不夠成熟的時候，我的態度一定是強硬的。同時，我也堅信「安逸」是一種危機，因此總是不斷地提醒著團員，讓他們不要對現狀過於滿足，如此才會有更進一步的動力。

我鼓勵團員們在學業上更進一步。只要有能力、有意願，樂團會在可以負擔的範圍之內盡可能給予協助，讓他們無後顧之憂地出國學習，無論是金錢上的借貸，或者學成之後的工作保障皆然。目前，樂團的十名團員中，全都已經取得國內外的碩士或博士學位，並且在國內學校中兼任教職，技巧與音樂能力上正處於最佳狀態。

樂團是觀衆的公共財

而目前我最積極努力的方向，則是為樂團的未來作打算，並且將團員的各項可能發展，納入我對於樂團的計劃之中。我知道自己算是強勢的領導，尤其是「老師、父親」的這種身分，讓我必然成為樂團的主要領導中心。如此固然樂團可以有效率的運作，所冒的風險卻是一旦我不能主事，樂團會因此而分崩離析。

這是必要的「杞人憂天」，我的第一步是讓團員們開始參與樂團的決策，自己則採取旁觀的方式，除非確定他們的決定將造成不可彌補的錯誤，否則我會讓他們從各種錯誤中學習。我想，團員們可以從這樣的決策過程中培養警覺性，同時也學習更尊重他人。

接下來，我將為樂團建立一種觀眾與團員之間的制度，也就是說，我希望樂團的未來，台灣的民眾可以扮演更重要的角色，會把樂團看成是「自己」的樂團，他們的意見，甚至可以影響樂團的藝術總監。或者更正確的說法是，我希望有朝一日樂團成為全國人民的公共財產，而不是我朱宗慶的「私有產物」，如此，我的角色會更加淡薄，「朱宗慶打擊樂團」有沒有朱宗慶都已經不重要，這樣，樂團便有了永遠生存的條件。

「真誠」與「認真」是管理最重要的元素，相信團員們可以從我的態度中，得知我對於樂團以及他們的未來，是絕對認真的，所以我對於他們的一切都傾力關注而重視。

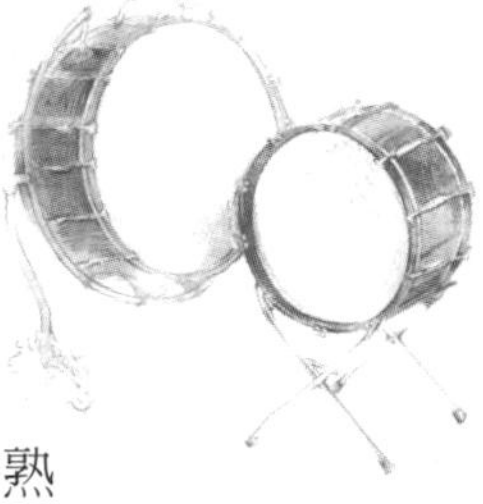

6 老樹散葉，樂滿枝頭

二〇〇一年一月，「朱宗慶打擊樂團」成立屆滿十五年，十五年來隨著我一起耕耘的團員們，各個變得成熟而穩重，彼此之間更有著牢不可破的情感聯繫，像是家人的親密，卻還比真正的家人更多一點默契與相惜。在我看來，這就是樂團最大的本錢吧！而且這樣的情誼，也可以在一九九八年成立的「2團」，以及二〇〇〇年十月正式創團的「3團」中感受得到。

還記得「朱宗慶打擊樂團」剛剛成立時，因為成員都是我的學生，因此就有人批評我們是個「學生樂團」，對樂團的音樂水準與素養，抱持懷疑與不信任的態度。大家心裡都清楚這樣的質疑，可是因為當時的成員的確都來自我的學生，因此能夠說服的，就只有在音樂的素養上下工夫，期望用舞台上的實力，杜絕懷疑。

音樂是生活學習的累積

而且我認為光是音樂技巧是不夠的，我相信一位好的音樂工作者，必須有更大的胸襟與氣度，在音樂以外的事物上也追求充實，除了充足的社會經驗、人文修為，還要具備充沛的知識。所以創團初始，我所安排的訓練嚴厲而密集，內容包羅萬象，一星期之中，會有三天四個時段安排團練之後的訓練課程，邀請社會上有理想、有成就的人士，到樂團來與我們一同吃便當，和團員們聊聊他們的人生觀與作為。這是我們的「大師課」，除了從他們的理念中吸取養分，團員們也學得與大師們相處該持有的態度，少了畏懼，反多了一份景仰與學習的空

吹下樂團十五歲生日的蠟燭，大家許下了未來的願望。

間。

此外，我不定時不定期帶著團員們去造訪養老院、孤兒院，參與一部份的社會工作，希望他們藉此可以有更懂得悲憫與同情的心，可以珍惜現有的幸福；偶爾，我們會到西餐廳去吃飯，讓團員們學學西餐禮儀，如何正確的使用刀叉，未來如果有機會見識大場面，才能多一分自在，不至於慌了手腳；我們也觀察夜市裡的人們，試圖以他們的眼光看世界，如此可以了解更多；而這種種情緒，都有助於我們詮釋音樂。除此之外，基金會也「補助」團員與工作人員每個月觀賞二場演出，演出型態不限於音樂，甚至鼓勵他們去看場電影；這所有生活上累積的欣賞經驗，對於一位音樂家無論如何都是助益。

除了開拓眼界，引導他們體會與觀察，當時我也要他們在寒暑假期間，一清早起床跟著師傅打太極拳。這種運動在我看

遠從陝西來的「中國鼓王」安志順老師，教導大家擊鼓的技巧。

來，除了對團員的體能上有相當大的助益，還能讓年輕的團員們學習「沉穩」，更懂得沉澱心思之後的開闊。這大約是打擊樂團體的一種創舉吧，當時還有不少媒體對我們的這一項「訓練」大加報導；其實我的想法很簡單，音樂家應該要有強健的體魄，因為演出與訓練是相當耗費心力的事，而其他的激烈運動對於音樂工作者而言，風險過大，倒是「太極拳」這種老祖先留下來的「資產」，練身體也練心理，卻是再恰當不過的了。

團員們也被要求練英文，因為我知道未來他們不能自限於這個小島上，音樂無國界，團員們終有一天要走進世界的潮流之中，面對種種而來的資訊，必須具備理解的管道與工具。所以我要求團員們到坊間英文補習班上課，而且只要他們能夠通過課堂考試，樂團就替他們支付學費。團員們不讓我失望，勉

樂團的「開會文化」無所不在，法國夏日藝術節演出前十分鐘，朱老師作最後的叮嚀。

力學習，結果到最後，所有的團員都能夠以英文與國外的音樂家自由溝通，或者赴國外大學研究所就讀取得碩士學位。

老實說，我是個容易緊張的人，也許是自覺不夠聰明，因此寧可用更嚴謹的態度去面對樂團所做的每一件事。我經常開會，召集所有人以短短的幾分鐘時間，協調好每個人的角色與責任，也討論已經發生的問題，解決問題也檢討問題，甚至一度還給樂團帶來了「開會樂團」的戲稱。然而我很清楚的知道，團員會在每一次的會議之中進步，這是我「勤能補拙」信念的一種實踐。

或許因為是第一批團員吧，我花了相當大的心思與精神在他們身上，不僅在音樂上要有最紮實的學院基礎，更透過長期的工作與生活，培養他們彼此深刻的默契，團員們與我如同親人，甚至比親人還有更多可以分享的心情和共同的經驗。所以我總是說，「朱宗慶打擊樂團」是「師徒制」，我們所擁有的是超越一般「老師與學生」的情誼，而且任何人只要有心，我就會設法引導出他的潛質與才能。

躍動團與傑優團的成立

現在「朱宗慶打擊樂團」已經發展到了成熟階段，所有原本青澀的團員們，一一取得了更高學歷，並且也開始為人師，培養自己的子弟兵。因此我們在一九九六年先成立了「2團——躍動打擊樂團」由樂團團員的優秀學生組成。甫一成軍，這個年輕的樂團就受到相當的矚目，雖然還只是年輕學生，卻很有不凡的氣勢，現在來自各地的邀請演出也已經不少。在我的規劃中，「2團」將是「朱宗慶打擊樂團」的「人才庫」，在「2團」表現優異的團員，未來可以晉升「朱宗慶打擊樂團」，與老師們同台演出。

二〇〇〇年十月十五日下午兩點半，距離我回國十八年又一〇七天，「朱宗慶打擊樂團」的「3團」——「傑優青少年打擊樂團」舉行創團演出。天氣陰鬱的星期天下午，國父紀念館竟也擠入了二千多名觀眾，「3團」誕生的喜悅氣氛，在偌大的場地中迴盪。「朱宗慶打擊樂團」十五年來開枝散葉，「傑優打擊樂團」應該算是結實纍纍。

「傑優」的團員是朱宗慶打擊樂教學系統所培養出來的第三代學生，「朱宗慶打擊樂團」與「躍動打擊樂團」團員則擔任他們的指導老師，從兩年前開始籌劃，並利用週末課餘進行練習。總數達二十團、二五〇位團員的「傑優青少年打擊樂團」，團員平均年齡僅僅十四歲半，其中有九五%是經由教學系統培養而來，另外五%則是私下學習，再經過嚴格考試脫穎而出，獲選加入。他們是我十多年來經營打擊樂基礎教學、紮根工作的成果。

我預計在三年內，總共要在全台成立五十個「傑優團」，七五〇位團員，不過其中應該只有約五十名會走上專業的擊樂演奏道路，其餘的七百人不管他們未來選擇文法商理工哪一種

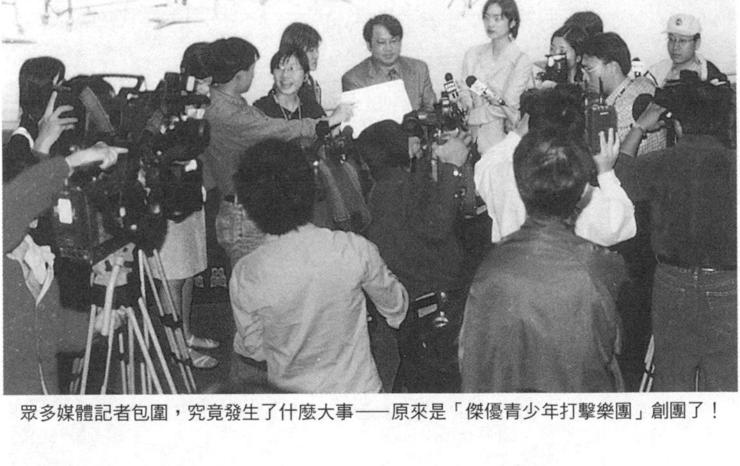

眾多媒體記者包圍，究竟發生了什麼大事——原來是「傑優青少年打擊樂團」創團了！

行業，則都會成為音樂的業餘愛好者，把打擊樂推廣到社會的各個領域之中。

老實說，所有的進度都遠遠超過當初我回國時的計劃，是這一塊土地夠豐美吧！只要是有心、肯努力，如果連我這樣一位資質不夠完美、學習起步也不夠早的人，都可以為打擊樂拓展出這樣的一塊版圖，沒有一種理想會絕對找不到實踐的可能性——我是這樣深深地相信。

傑優青少年打擊樂團的成立，是朱宗慶在台灣播下的擊樂種子開枝散葉。

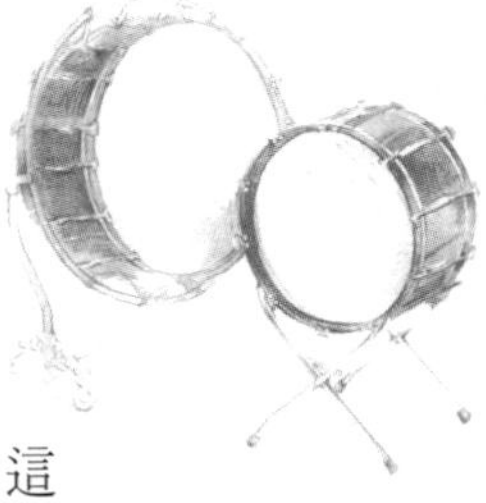

7 用唱片圓另一場夢

樂團成立十五年來，出版過十四張唱片，其中有十二張是由福茂唱片出版，另外二張則是樂團自行灌錄。這些唱片不僅僅在銷售成績上頗有佳績，也為樂團贏得了不少獎項，但最重要的是，透過與唱片公司的合作，讓我有機會由專業行銷人的身上，學到不少音樂行銷的手法，也看到了藝術接觸廣泛社會大眾的可能性。這些對於日後樂團的音樂推廣工作，都有相當大的影響與幫助。

提到灌錄唱片，首先要感謝的是樂團剛剛創辦時，就對我們支持有加的侯惠芳小姐，經由她的介紹，我認識了福茂唱片的總經理張耕宇先生，以及當時的副總經理賴郁芬小姐，賴小姐同時也是音樂月刊雜誌的總編輯。還記得當時我們約在兄弟飯店二樓，原本以為只是先認識，聊聊可能性而已。或許是有緣分吧，大家竟然一拍即合，迅速地就談定了出版唱片的合作事宜。說到這裡，我不得不要表示對於福茂唱片二位決策者的佩服，當時樂團才剛剛成立不久，他們就對我們充滿了如此的信心。不過，也就是因為他們如此相信我們的態度，讓我開始學會構築更大更多的夢想。

第一張唱片誕生

一九八七年樂團推出了第一張唱片「生脈相連」，收錄的是國人作曲家李泰祥、陳揚，以及現在任職樂團專職作曲家洪千惠的創作與改編作品。這張唱片一推出，市場的反應就相當熱烈，創下了不少國內古典音樂唱片界的紀錄，同時也一舉為樂團拿下了當年金鼎獎最佳演奏與最佳製作二項大獎。

接下來的八年內，樂團與福茂唱片推出了一系列共七張兒童音樂唱片，內

樂團出版的第一張唱片「生脈相連」。

容以台灣的兒童歌謠為主，幾乎所有曲子都是由洪千惠創作或者改編。和當時一般兒童音樂唱片不同的是，樂團的唱片在內容形式上，和兒童音樂會相互呼應，以說故事的方式串聯音樂，同時也融入樂器的介紹，應該算是真正「寓教於樂」的典型吧。

不過，國人作品還是我們唱片企劃的重點，這方面福茂和樂團有著共識。合作第三年，我們大膽推出了國人作品集「薪傳、螢火」，收錄了我為雲門舞集所創作的曲子、潘皇龍老師的「莊嚴的嬉戲」，以及陳揚老師的「螢火」。同年又推出了以中國民謠為主的「山之悸」，同時也拿下該年金鼎獎的最佳出版品獎項。

在所有樂團的唱片中，至今仍讓人嘖嘖稱奇的，首推「朱宗慶陪你過新年」。這張唱片一推出就成為熱門唱片，市場總銷售量據估在二十萬張以上，也因為推出的時間正逢農曆年節，而打擊樂演奏的節慶音樂又顯得特別熱鬧，因此當時走在

朱宗慶兒童打擊樂系列唱片之一。

街上，可說無處不聽到樂團演出的音樂。似乎大家也就這麼習慣了過年就該聽朱宗慶打擊樂團的過年音樂，往後每逢過年，這張唱片就要再熱門一次，甚至直到現在唱片都已經出版了十二年，還是有人會在過年時拿出來播放應景。

遇上行銷高手

灌錄唱片這件事，對我而言最大的影響其實並不在結果，而是過程。在接觸唱片公司之前，我只是一名單純的音樂工作者，雖然過去經常為唱片或電影配樂錄音，但是涉入內容僅止於音樂的演奏，對於「灌錄唱片」這項「工程」是毫無概念的。因為唱片之故，有生以來第一次接受到「明星式」的各項安排，讓我大開眼界。

例如拍宣傳照這一件事，我一直以為專業的拍照，不過就是在照相館裡拍

「朱宗慶陪你過新年」在市場上大受歡迎。

大頭照，只要服裝整齊、看著鏡頭微笑就可以了。沒有想過為唱片拍照，連服裝、造型都有專人打點，而且往往一拍就是二、三百張底片，再由其中選出一、二張來使用。這種謹慎與細膩，我一直記在心裡，在未來的音樂推廣工作上，我也用這樣的標準去要求自己與所有的工作人員。

福茂唱片的賴郁芬小姐，確實是一位行銷高手，她把樂團當成明星，有計劃的推向社會大眾，並且找出所有可能的管道，竭盡所能地介紹樂團的音樂。在賴小姐的安排之下，樂團拍攝了有史以來第一支ＭＴＶ，同時我也大量地在綜藝節目上曝光，接受訪問並且演出，此外更馬不停蹄地在廣播節目上宣傳，記得最高一次紀錄是，我一個月內上了五十個電視與廣播節目。

福茂唱片也安排了許多話題性的活動，吸引媒體的注意與報導，像是「暫時離開舞台」的古蹟巡迴演出，就是一項很有突破性、話題性的音樂演出活動，讓中視的「六十分鐘」與華視的「新聞雜誌」節目都對樂團做了深入的專題報導。此外，福茂也曾安排我和傅聰、黃安源、蘇芮等等古典與流行樂界的知名人士合作，舉辦各項的座談或會面，或甚至由歌手庾澄慶領著一批流行歌手來參加樂團的音樂會。從唱片公司種種的安排與設計之中，我深刻的領會到一位音樂工作者的「可行性」。

尤其可貴的是，福茂唱片對於我們這些不熟悉唱片操作手法的古典音樂工作者，有著很高的尊重，總是能夠理解我們自己衡量事務的標準，因此不會勉強我們去配合參加綜藝娛樂性過高的節目，這種分際的巧妙拿捏，讓我們的合作總是愉快的。

樂團自行錄製發行的唱片「擊鼓」。

改弦易轍

而僅僅就「進錄音室錄音」這件事，對於團員與我，也都是一項很好的磨練。一般在舞台上的演出，因為與觀眾是近距離接觸，互動與交流密切，也因此對演出中所犯的錯誤、演出者的緊張心情，觀眾總是用比較寬容的態度來對待，可以輕易原諒。然而一旦進了錄音間，面對著冰冷的機器與麥克風，無論多小的錯誤，都會聽得清清楚楚，所以我們對於演出品質就必須毫不留情地嚴苛要求。而且在當初那個年代，錄音器材與技術不如現今發達，我們必須每首慢慢錄，直到品質符合要求為止。一張四十分鐘的唱片，有時候要花上一百個小時錄音，加上一百個小時的後製，才會有最終的成品。那真是一個辛苦而磨人的過程。

一九九五年，由於心情上有點疲累，而且也對於唱片有了其他的想法，因此樂團與福茂的合作告一段落，樂團開始自行企劃出版唱片。這個時候樂團的現場演出實力已經相當堅強，我們捨棄了錄音室錄音的方式，而採取臨場感更好，但困難度更高的現場錄音。內容上仍堅持以國人作品為主，此時我對唱片的定位是「以好的錄音留下好的作品」，不再是為了市場而

「鑼陽鼓慶」專輯榮獲金曲獎。

遠從瑞典請來的專業錄音師 Ingo Petry ，在錄音前精確地架設機器。

作，我可以用高價聘請最好的古典音樂錄音工程師，以縝密的規劃來進行唱片的製作。

第一張以這樣的手法錄製而成的作品是一九九五年的「擊鼓」，這張由樂團自行錄製發行的唱片，追求的是品質與內容的高度精緻，並不透過一般市場通路強力銷售，僅僅在音樂會現場供喜愛的樂迷購買，或作為我們給予前輩、樂迷，或是和我們擁有共同音樂理念的好友們的禮物。由於「擊鼓」的成功，我們便再接再厲，以相同模式於一九九六年推出「鑼揚鼓慶」專輯，作為樂團十週年的紀念，並且特別自瑞典邀來資深錄音工程師英格・派特瑞(Ingo Petry)操刀。該年金曲獎，這張唱片獲得了「最佳古典音樂」、「最佳製作人」、「最佳演奏人」、「最佳作曲人」四項大獎提名，最後則獲得「最佳演奏人」、「最佳作曲人」二個獎項。

國際舞台的初生之犢

一九九六至二〇〇〇年，樂團停止了所有唱片的錄製行動，比較積極於國際舞台上建立名聲，也成功獲得了國際打擊樂界的認同與喝采——第二與第三屆台北國際打擊樂節的空前

國際打擊樂藝術協會總裁 Robert Breithaupt 特別頒發「傑出貢獻獎」予朱宗慶。

成功，我則連續二年獲邀擔任國際打擊樂藝術協會理事，並且得到協會「傑出貢獻獎」的肯定。二〇〇〇年，樂團受邀到國際打擊樂年會，進行一場在年會期間晚上舉行的正式演出。這項演出慣例上是年會的重頭戲，據打擊樂協會主席表示，年會自創辦以來，「朱宗慶打擊樂團」是唯一一個獲邀於晚上音樂會演出的亞洲團體。

於是，當樂團面對著十五週年慶，當我重新再構思灌錄唱片這件事時，抱持的已經不是過去的想法了。不再是為了要讓國內觀眾認識樂團而錄製唱片——未來朱宗慶打擊樂團的唱片，將以國際樂團的方式運作，要將目標放在國際的古典音樂市場，而非以國內的唱片獎項為目標。

「又在作夢了！」一定有人這麼想著吧，可是如果十五年前那個青青澀澀的音樂工作者，還有那一群學生味十足的團員們，也能成為唱片市場上的寵兒，讓打擊樂在大街小巷鎮日蔓延著，讓電視台密集播放著古典音樂ＭＴＶ，那麼又有什麼夢想不可能實現呢？

擊樂團
UP,TAIPEI

第二章

從篳路藍縷到欣欣榮景

我相信事在人為，只要願意，很多事都會成功，而且越是挫厄困頓，越要有勇氣。所以我再次將長久以來分隔二地的樂團與基金會凝聚一堂，藉著樂團處於最佳狀態的士氣、向心力以及品質，將基金會維繫在一起。確實，基金會的人氣又開始匯集，我們一時的顛簸，又一次站穩了腳步。

1 基金會成立了

樂團成立後的第三年，基金會正式成立，叫做「財團法人朱宗慶打擊樂團文教基金會」，當時的想法是要為樂團成立一個專職的行政單位，這是樂團長遠發展必然要走的道路，樂團收入交由基金會統籌運用後，樂團也可以更專注於藝術的發展與演出。老實說，我一開始並未真正深入研究基金會的優缺點，只是直覺的認為以「基金會」的形式，推廣文化藝術，或者進行藝術教育工作，應該會更有說服力。

不過，基金會在此時成立並不是原意，而是有一點點不得已。樂團原本的練習場地設在國立藝術學院之內，馬水龍老師一直期望樂團可以留下，甚至是「以校為家」，不過後來因為學校人事異動，新主管的想法不同，希望樂團能夠

獨立於學校之外；為了不影響教學，我們便決定另覓場地。當時我這麼想——既然要搬家，不如順便將想了一陣子的基金會設立起來，納入行政人員，給樂團一個完整的新開始。

於是，我匆匆忙忙去找可以辦公又能充作練習場地的地點，一方面時間急迫，另一方面也因樂團當時經濟狀況並不十分良好，找到的是在新生南路信義路口附近窄巷內的一個地下室，一間四十五坪大的挑高房子，加上夾層約有九十坪的使用空間。不過屋子的狀況並不好，在之前是個「泡沫紅茶」一類的營業場所，可是月租只要二萬五千元，是當時樂團可以負擔的房租。

覓尋落腳地

還記得找到房子的那一天，我帶著室內設計師前去看房子，進入屋內，就發現地板嚴重積水，房子沒有空調，是個陰鬱、需要大整修的辦公室。我開始覺得沮喪而茫然，不曉得這樣做到底對不對，該不該繼續下去。張開嘴，我說出來的第一句話是：「怎麼辦？」而設計師這麼答腔：「靠信心吧！」鼓起勇氣，我們展開了這項化腐朽為神奇的工作，將這個陰暗不通風的地下室，徹底整頓，變成基金會第一個落腳之處。

除了辦公室，籌備基金會還需要的是七至二十一位董事，以及基金一百萬元。董事的尋找並不困難，對當時財務不甚寬裕的我以及樂團來說，籌措一百萬元的基金難度可能還比較高一些。當然，四處去遊說董事拿錢出來或者也有可能，但我很堅持樂團本身應該自行集資百分之五十，原因無他，我希望樂團有獨立自主的能力，不要過度仰賴董事會提供的資源，人如果窮，就更要有志氣，否則容易養成依賴的個性。唯有團員對於基金會有「貢獻」，才更能顯示我們對於這件事的認真——這五十萬元是一種象徵。

所以我和團員們商量，有幾場演出不領取任何費用，將每一分盈餘都存下來，存夠了五十萬元，加上我個人提出的十萬元，双燕樂器公司的二十萬元，以及董事們捐贈的基金，基金會就這麼組織起來了。基金會在七月正式宣佈成立，慶祝茶會設在信義路新生南路口的時報廣場，現在則已經變成「何嘉仁書局」。

現在想起來，當時成立基金會的時機正是再好不過，因為當時的門檻低，只要一百萬元就可以成立基金會，後來成立門檻一路上升到五百萬，甚至三千萬。倘若當初我們沒有抓住機會，後來要成立基金會可真是難上加難了。

十二年前，藝術團體設立基金會並不多見，當時只有雲門舞集、台北愛樂合唱團，以及許博允設立了新象文教基金會，連同我們，算是藝文團體中的異數。不過，短短一年之後我們就發現了一個問題，甚至導致幾乎要放棄這個好不容易設立的基金會。

教育部不同意我們將樂團活動納入基金會的工作內容之中——即使基金會原本就是為樂團而設，甚至基金會的名字就叫做「財團法人朱宗慶打擊樂團文教基金會」！可是當時的單位主管行事較為保守，不同意讓樂團與基金會合在一起，雖然樂團的收入百分之百捐贈給基金會，但是基金會卻只能將捐贈全額的百分之二十用在樂團事務之上！我們多次向教育部爭取，讓樂團隸屬於基金會，如同維也納愛樂一樣，由專職機構經營樂團。然而教育部的回答總是否定的。

降低個人色彩

一年後，我們向教育部社教司申請放棄基金會，決定不再為了這件事纏鬥，此時，教育部的一位專員為我們感到可惜，畢竟基金會是花了苦心設立的。於是他便主動向上級申訴，竟然也成功地為我們爭取到將樂團納入基金會的體制之下，從此，樂團與基金會展開了密切的輔助關係，基金會成為支持樂團的最強力量。

也就是此時，在我的提議之下，基金會改名為「擊樂文教基金會」，讓基金會的「朱宗慶色彩」降到最低。

事實上我連樂團都想改名，因為我一直對於團名有意見。以創團人為名，這在國外並不少見，但通常以人為名是要強調一定的個人風格或精神，往往是「大師」才享有的尊崇。當時還很年輕的我，對於自己的名字被如此「看重」，其實覺得不自在，再者，我也全然沒有那種普遍的「人死留名」心態，不需要人們永遠記著「朱宗慶」這個名字。只是董事會並不贊同，他們認為「朱宗慶打擊樂團」已經是大家熟悉的名字，算是樂團的資產，更動是不智的，至於基金會，因為運作才一年，尚不至於因為更名而造成影響。因此，「朱宗慶打擊樂團」繼續沿用，「擊樂文教基金會」則從此誕生。

我並不是專業藝術行政人員，在樂團誕生的那個年代，藝術行政也是大家陌生的概念，藝術團體能夠聘用行政人員已經不容易，最多不過就是聘請一位秘書來「服侍」藝術家吧，樂團以大手筆的方式成立基金會，引起了不小的關注與側目。當然一百萬的基金孳息，不足以支付因應基金會成立而增加的人事費用，可是基金會的成立卻讓樂團更形組織化，同時更能進行長遠的計劃。日後樂團與基金會的發展證明了當初的想法是正確的，基金會除了樂團的經紀事務，更跨出步伐，往不同領域的藝術推廣發展，並因而培養出一群優秀的藝術行政工作人員，甚至間接讓越來越多的人開始重視這一行業，大專院校也開始設立藝術行政系所，這確實是始料未及的額外收穫。

2 奢侈與將就

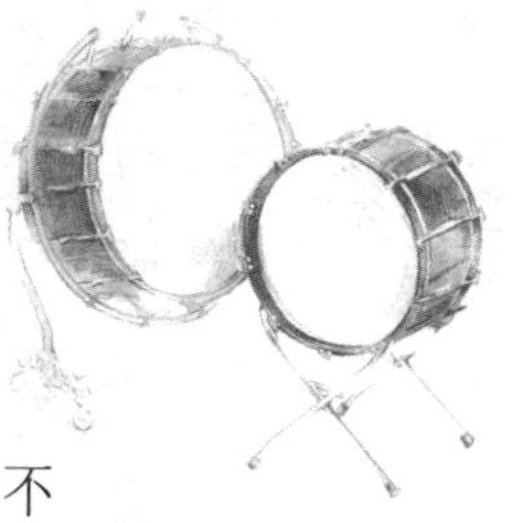

目前在國內，「藝術」還是一種苦哈哈的行業，而且身為藝術創作者，不能為了票房而過於媚俗，因此入不敷出的情況常常發生。很多團體或藝術家，於是選擇以「節流」作為經營的準則，用最少的人，在破舊的辦公室裡工作。然而這樣的結果，往往是聘用不了專業的人員，或者人員的流失率高，經驗無法傳承，自然也就無法開拓更大的藝文市場。

我不贊同這樣的經營理念。藝術行政工作繁複，工作時間又長，若是連辦公室都條件差，工作人員士氣要如何提振？所以從一開始成立基金會，我就設法讓員工們有好的環境辦公，而且應該增加的人力就增加，我希望員工們花費更大的心思在增進自己的專業度，而不是煩心環境。而我的這一層體悟，來自於基金會數度被迫搬遷的經驗。

基金會的第一個辦公室是在新生南路的地下室，原本破舊的場地，經過我們一番整治，也有了新氣象，雖不是太豪華，基本的條件都不算差。只是我們才使用這個場地二年左右，房東就來獅子大開口了，他要將房租由原來的每個月二萬五，漲一倍到每個月五萬。

現在回想起來，其實五萬也並不算高，只是生性厭惡所有的不合理，因此寧願自己更加辛苦，也不要任人將自己當成俎上魚肉。基金會決定搬家，第二次我找到了位在大直隸屬於當時實踐學院的一個場地，雖然還是地下室，可是所有的硬體條件、周遭環境，甚至逃生安全設計，都叫人滿意極了。這個場地的月租是十五萬一個月，是我們原有辦公室的七倍。

七倍的房租，表示基金會和樂團都必須要更加努力才能損益平衡。可是這一切都值得，不僅僅樂團開始展現出職業樂團的氣勢與視野，行政人員也更加的積極專注，那一股「氣」緊緊凝聚、激勵著所有的人。這是一種無法解釋的情緒，可是我確實深深感受到，過度而長時間的「將就」，對於所有的人都是折傷，我要求團員以及工作人員展現出最高的品質，又如何能只是一味地要求他們委屈呢？

爲了把路走得更長遠

基金會成立不久之後，就開始招募新血，工作人員數量「高達」九人。這又是許多藝術團體所不能理解的一種做法了，很多團體只聘僱一、二名行政人員，處理一些瑣碎的場地、票務等等行政事宜。然而我的想法卻是，多一個人可以做多一點事，行政人員應該具有更開闊的視野，不是只「服侍」藝術家，有了多一些人力，基金會的運作範圍可以更廣，目標可以更大更遠，行政人員的能力可以藉此培養，而現實一點來看，基金會也能多作一點事，多一點收入。

這是一種逆向思考，我相信事在人為，只要願意，很多事都會成功，越是挫厄困頓，越要有勇氣。曾經有這樣一個例子，有個基金會因為財務上的困難，開始縮編人事，為了節省辦公室的固定支出，執行長便搬出個人辦公室，和其他同仁共享辦公空間，只開亮有人坐的辦公區域的燈，因此每天辦公室都有一半是黑漆漆的；而執行長少了另一堵牆、另一扇門的阻隔，所有的情緒直接加諸員工身上。我看不出這樣「將就」的未來，彷彿連最基本的自信都消失了。

基金會主辦的第一個活動是一九八九年由國立中正文化中心委辦的「音樂新鮮人」音樂會，這是為了推廣音樂藝術而設計的音樂會，也是基金會第一個非樂團演出的活動。活動成功，並獲得相當好評，當時我就十分清楚這一步跨對了，基金會的觸角可以伸得更廣更遠，可以做我一直想做而還沒有機會做的事，可以推廣藝術，還可以培養優秀的行政人員。後來基金會籌辦的活動包括了文建會的「國慶民間遊藝活動」、「音樂中秋潤八月」，以及其他單位的各項藝文活動，當然，還有我們引以為傲的「台北國際打擊樂節」。

由於行政人員的擴編，以及教學部的成立，基金會便搬離大直，在新生南路上另找了一個辦公室。後來又因為擴編以及與房東的協議等種種問題，基金會多次搬家，六、七年來歷經了信義路、仁愛路、南港路，直到現在大業路的辦公室。

心中有綠樹也有藍天

很多人看到的是基金會不斷地擴張人事、搬家，而且辦公室的條件都在水準之上，可是很少人知道，搬家一直是基金會最為困擾的一件事，不僅耗時費事，每次搬家都還要花費一筆成本。只是合適的場地實在難覓，每當我們將一個場地整理得有模有樣之後，就不可避免地遇到「房租調整」的困擾。我一向是個樂觀的人，可是在此我也不得不對人性的某些面向有些抱怨。

二年前，基金會遇到了一項空前的挑戰，我們籌辦的「藝類」雜誌出刊四個月，虧損上千萬元，然而這個挫折卻引起連帶的反應，基金會的人員大量流失，辦公室的氣氛空前低潮。經過緊急衡量評估，基金會搬到南港路，一棟獨立的四層樓透天屋，房子雖然破舊，可是從二樓的辦公室窗口看出去，有綠樹、也有一點藍天。

搬家的原因，當然不只為了綠樹和藍天，最重要的是，我要再次將長久以來分隔二地的樂團與基金會凝聚在一起。當時基金會的狀況並不好，可是樂團的士氣、向心力以及品質，卻正是最佳狀態，我知道這是靠樂團將基金會維繫在一起的時刻，加上樂團在大直的團址即將遭到收回，因此我們毅然決定離開豪華的仁愛路圓環，搬到偏僻但足以同時容納樂團與基金會的南港路上。確實，基金會的人氣又開始匯集，我們一時的顛簸，又一次站穩了腳步。

當初搬到南港，說起來確實有些不得已，甚至在我們搬進南港的辦公室之前，就已經知道這間老舊的房子於二年後房東就要拆掉改建，而且此處整體空間的音響並不好，長久下來對團員的聲音判斷能力恐怕會有負面的影響。我們都清楚，再一次的搬家勢不可免，於是在此暫居的同時，也開始尋覓下一個落腳之處。

經過了一年多的尋找與洽談，我們終於在北投大業路上找到合適的工作室，那是一棟大樓的地下室，有著二百坪的挑高空間。因為夠大，基金會可以有良好的辦公環境，樂團則可以擁有三間排練室、一間個人練習室，以及一間研究室。最重要的是，挑高四米九的寬敞空間，其音響效果正適合樂團，是個符合國際標準的練習場地。

也許有人會質疑，值此社會經濟不景氣時，搬到這樣「氣派」的辦公室不會造成基金會太大的負擔嗎？值得驕傲的是，多年來的經驗，讓基金會的工作同仁們練就了一身好功夫，不僅僅在房租上，協商到讓房東願意以十分優惠的條件將房子租

一場場的節目規劃，就在這樣的腦力激盪中產生創意。

給我們，同時還自己負起辦公室的設計、監工等等工作，將搬家的成本降到了最低。而這樣的辛苦換來的成果是，未來五到十年內，樂團與基金會不用再擔心要搬家，可以穩穩當當地專注在演出以及工作發展之上。

奢侈嗎？我會這樣的自問。基金會不以營利為目的，很多事是我們因該做而作，因此常常會有入不敷出的尷尬，有些時候我還得「調頭寸」以支應難關，不可否認，一個優質的辦公環境在某些狀況下，是一種奢侈。可是每當我走進明亮的辦公室，聽到悠揚的音樂繚繞（這是基金會的傳統，辦公室一定要播放音樂），看到同仁們在愉悅的心情之中工作著，我就會以自己這種情緒上的固執與「貪求」而感到驕傲。

作為「老闆」的人，可以辛苦自己，但不能不體貼員工，即使是大部分時間資金並不寬裕的藝文團體，也應該有這樣的體察。

3 「藝術家」的管理風格

一個藝術團體能不能夠健全而蓬勃的發展，人的因素佔了相當大的比重。當然，任何一個企業或團體的存續，人都是關鍵，只是在藝術的領域之中，特別顯得影響深遠。畢竟「藝術」的產生，以及它所呈現出來的風貌，和經營者的風格會相互呼應，一般人會喜歡一項藝術，往往也對於藝術的創作與經營者，有著相當正面的看法。

所以，藝術團體裡的工作人員，在某些層次上來看，也正是藝術創作者將自我風格與外界溝通的橋樑，他們必須要反映出藝術創作者本身，或者是藝術團體的風格與氣度。

在人員的晉用上，我一直很堅持「主觀」與「直覺」，基金會的同仁們都很清楚，「先重德後重才」是我用人的一項重要準則，「學歷」則是最後一項考量。我希望基金會的工作人員，能夠擁有充沛的、對生命的熱忱，以及對工作的全心全意投入；這樣的人不一定來自於好的學校，或擁有傲人的學歷，但是他們會懂得基金會與樂團最重視的價值，在各個方面都能維護這樣的價值觀，並且與觀眾分享。

樂團創建初期的工作人員，一直充分展現出這樣的特質，他們很積極，勇於嘗試，而且很願意吃苦。早期國內藝文環境條件不佳，有許許多多的事情，必須採用最原始「土法煉鋼」的方式進行，於是「吃苦」成為那個時候行政人員的「必要條件」之一。而且，他們大多所學與藝術不相關，有學商業文書、有拿土木工程文憑的，有很多人甚至是參加過我們的音樂會之後，前來毛遂自薦的，當然，還有些人是因為與樂團有「業務」上的接觸，而被我「相」中，極力邀請來的。

伯樂識良駒

在基金會工作將近十年的執行長劉叔康，就是我緊咬不放找來的人才，他原本是藝術學院的助教，因為十分欣賞他的個性與做事態度，和我較為情緒化、有些時候動作太快的缺點可以互補，所以遊說他到基金會工作。不過當時他即將出國唸書，婉拒了這項邀請，而我則是不死心，我知道他會成為基金會的一項重要資產。即使在叔康出國留學的這段期間，我也設法打聽他的狀況，一待學成，我就再次前往力邀。十年來，我都慶幸著當時有這樣不屈不撓的精神，延攬叔康進入基金會，成為我最有力的左右手。叔康進入基金會的第一件大事，就是第一屆台北國際打擊樂節，他不但穩住了當時有些慌亂的局勢，還帶進幾位極為優秀的同仁，為打擊樂節立下良好的典範。

隨著基金會經營規模的成長與運作內容的複雜化，人員聘用的過程也就越

劉叔康與朱宗慶同一天生日，然兩人個性截然不同，互補成為工作上最好的搭檔。

來越上「軌道」。現在只要我們在報上一登人事廣告，都會有大量的應徵信函湧入，基金會的執行長以及一級主管，會先進行篩選。無可避免，這個時候「相關學歷」是一項參考指標，畢竟藝術環境在近年來有長足的發展，很多有心於此一領域的人，會積極尋求更為專業的訓練，這也算是「用心」的一種展現，基金會當然希望有「用心」的人加入。

目前基金會的主管，大多已經在基金會工作相當長的時間了，他們與我有著很深的默契，甚至有共同的識人標準。能夠通過這些主管們嚴苛挑剔的人，通常都具備了基金會欣賞的特質，我只需要再進行一次「直覺判斷」就夠了。

事實證明，我的「直覺」很少出錯，這十多年來，基金會一直陸續培養出優秀人才，即使他們選擇不繼續留在基金會裡，通常也能夠在其他的機關團體或者不同的領域，拿出好的成績來。我不只一次聽到人們以讚嘆的口吻說，「基金會的人都有一種特質」，這種特質，包括了熱情、活潑，永遠保有進步的活力，就如同我所希望塑造的樂團文化一般。

要承認的是，我從未「學過」管理，我的管理知識，多半來自於閱讀，不管是企管雜誌，或者是婦女雜誌，來者不拒。我會將讀到的、值得學習的內容，加以記錄整理，並作為調整自己管理方式的參考。再者我原本就對心理學有興趣，將人的心理應用於管理之上，讓我更能了解基金會的員工，以及樂團的團員。

而「老師」這個身分，也讓我和同仁們的相處模式，和一般團體上司與下屬的關係不同。對於員工，我經常用師長的身分對待，這麼做有一個大缺點是，我常常「責之切」；而優點則是會付出更多的「愛」，因為關心的層面不僅限於工作，不只是放眼「績效」，總是不自覺連員工的生活、願景、健康、感情都會關注。有些工作同仁甚至會將私人的事與我商議，期望獲得長輩的建議。

我沒有開除過同仁的經驗。曾經，有一位資深的同事向我請辭，理由是「身體不佳，不能再為基金會貢獻心力」，這樣的一句話真的讓我傷心許久。基金會是許多人日以繼夜，戮力建設起來的，很多人在基金會狀況不佳的時候，毫不遲疑的奉獻，現在基金會的狀態越來越好，該是基金會「照顧」他們的時候了。就如同親人、好友，我不願意離棄任何一個人，只要他們願意，我都希望包容——即使他們早已離開基金會。

化危機爲轉機

基金會的規模，應該是民間藝文團體裡相當可觀的了，在旁人看來，基金會一直是個運作良好的機構，但這不表示基金會沒有過管理上的問題。基金會曾有一次慘痛的人事經驗，導火線來自於承辦「基隆國際現代音樂節」、「蓺類」雜誌，以及籌辦途中夭折的「朱宗慶打擊樂團子團」。

一九九六年基金會受委託主辦執行「基隆國際現代音樂節」，當時涉入活動的公家局處部門特別多，數量眾多的公務人員雖然充滿熱忱，卻缺乏舉辦藝文活動的經驗，這一點為所有基金會工作人員帶來相當大的痛苦與精神負擔，他們因為體力與心理上的疲累，漸漸失去了對彼此的信任感。而雜誌剛剛創辦就虧損連連，「子團」又問題重重，更進一步的影響行政部門的人心。恰巧我又投入了藝術學院的系主任工作，無暇照顧基金會，導致一連串的耳語、猜忌開始在辦公室裡流傳。最後，除了主管級的幾位核心員工，幾乎所有的人都離開了。

後來我當機立斷，搬家、重新聘募人員，很快的重新站穩了腳步。然而這一次的危機，卻讓我對行政人員的管理，有了更深的體悟——很多時候，當事情一牽扯到私人的利益，人的「不安」就會浮現，而這樣的感覺會形成一個個的「結」，隨著時間的推演，這些「結」會越纏越緊。現在基金會的一切都上了軌道，所以我不惜花更多的時間，去找這些隱隱然正在成型的「結」，並且用更多的心力去解這些結。

這就是管理學中所說的「溝通」吧！領導者絕對不能輕忽這項工作。很多時候，種種誤解與衝突其實都是非必要的，當事者需要的或許只是一點點的從旁指引，一旦想開了，便會海闊天空；若是放任其發展，後果將會難以收拾。

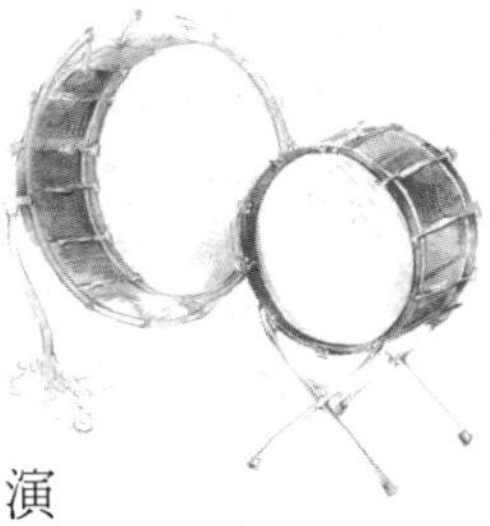

4 藝術與行政之間

「藝術行政」這個行業，在台灣一向是大眾所陌生的，甚至在藝術這個領域中，藝術行政人員也常常只扮演著「助理」的角色，服務藝術家，處理一些藝術家的雜務，對於藝術家或藝術團體的整體發展，通常沒有參與或置喙的機會。十八年前我剛回國的時候，幾乎找不到一位專業的表演藝術行政人員，到藝術團體工作的人，泰半是對於藝術有興趣，其他的就靠經驗摸索累積了。

樂團剛成立時，我們就是用這種「土法煉鋼」的方式，處理樂團的行政事務，像是安排演出場地、票務、宣傳等等繁瑣的工作，就由幾位秘書（當時所有行政人員的通稱）全權處理，我自己則除了樂團的音樂品質、訓練與演奏之外，還要負責樂團的演出企劃、監督、宣傳、票務及帶領行政，還有一些所謂

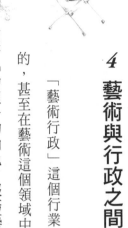

「公關」的工作。

老實說，除了在以往工作過的樂團有一點行政概念，我對於藝術行政工作其實是茫然的，也沒有前例可循，除了基本演出相關事項，很多事情得自己去想出來，例如要如何透過學校老師建立推票的管道，如何找出活動新聞點以利宣傳，或者是如何透過所謂「策略聯盟」的方式，找到可以長期合作互利的夥伴等等。當初只是覺得這些事「應該」要做，後來與學習藝術行政的人印證，才知道這些動作就是「藝術行政」工作的一部份。

很多人對我的印象是理性、邏輯、有條不紊，但我是個不折不扣「直覺」型的人，許多事情是用「直覺」作判斷，可喜的是，我的直覺通常都沒有錯。就連「藝術行政」這件事也是這樣，在大多數的藝術家還身兼行政工作者的時候，我就已經認定「行政」與「藝術」一定要分開考量，才可能讓藝術團體的發展真正上軌道，而且在計劃中樂團要做的事情有很多，包括音樂的推廣、教育等，不可能只靠著人單勢孤的秘書去執行，所以從創團起，我就一直有設立專職行政機構的想法。

基金會做先鋒

基金會就是在這樣的信念下產生的——基金會將是樂團的專職行政單位，負責樂團的經紀事務，並且也從事藝術的推廣活動。雖然基金會的名字來自於樂團，但是我希望基金會除了「打擊樂」的推廣，還應該累積更多經驗，開拓更寬廣的視野，因此要多方涉入各種藝術表演型態進行推廣；然而基金會與營利性的經紀公司不同，即使不會獲利，對國內藝術生存條件有助益的事，基金會也要去做。

這是我的理想，當初在維也納求學之時，就是被那種「文化藝術與生活緊密相連」的氛圍感動，才想要回國組樂團，推廣自己喜歡的音樂。基金會的成立讓這樣的理想，往實踐的方向更進一步。成立之初，基金會除了一系列的

「音樂新鮮人」推廣音樂會，還史無前例的舉辦第一屆「台北國際打擊樂節」，不久之後就承接了官方的大型藝術節——民國八十二、八十三年連續二屆的「國慶民間遊藝活動」，以及八十三年的「中秋音樂會」。

我們當初是硬著頭皮接下「民間遊藝活動」的。因為「台北國際打擊樂節」的成功，讓基金會的行政能力受到外界的肯定，大家認為基金會如果連這樣轟轟烈烈的國際性藝術節都可以搞定，一個「只」屬於國內活動的「國慶民間遊藝活動」自然算不了什麼，在文建會長官們的強力推薦之下，基金會接下了這項重任。

然而真正動手去做之後，才知道其中的困難度遠遠超過我們的預料，因為這個活動涉及的政府單位是全面性的，包括國防部、警備總部、警察局、市政府養工處等過去連想都沒想過有朝一日會有所接觸的單位，都在協商的範圍之內；而且每個單位派出的代表，架勢一個大過一個，協調會議更是開都開不完。這是我們第一次與這些政府單位打交道，也讓大家徹底領教到一個「國家」

活動籌辦的複雜性。

基金會同仁們使盡全力，一方面摸索學習政府單位的行事模式，一方面則花盡心思要辦一個不一樣的國家慶典。早在活動舉辦的將近一年前，我們就派出人員全省尋訪演出團隊，三番兩次洽談演出內容，不厭其煩地修正討論，要呈現出最專業的「業餘」藝術演出。另外，我則動用「人情」，委請雲門舞集、明華園參與演出，讓向來慶典風味有餘、藝術內涵較少受到重視的民間遊藝，可以有一番新氣象。

衆志成城

彩排當天，天公很不作美地下起雨來。基金會工作人員一早就和駐守總統府前的警衛人員為了停車的事吵起來——因為責任歸屬的問題，隔了一條重慶南路的負責單位就不同，協調過的事項就不算了。彩排時，又因搭設的舞蹈地板濕滑，雲門的一位舞者竟然摔斷了鎖骨，緊急送醫。事情很不順利，我可以感受到一股強大的壓力四處流竄著，於是我掩下心中的緊張情緒，回過頭來安慰同仁們：「彩排有問題是好的，這樣正式演出那天才會一切順利。」

而真的，十月十日當天，所有的事情就這麼順利進行，基金會的同仁們持著向軍方借來的超大型無線電對講機，在現今的「凱達格蘭大道」上奔走，指導演出團隊順序上下場。沒有任何問題，沒有任何意外，而且就在眾人的歡愉心情中，活動熱鬧落幕。

當晚，我趁著累垮的工作同仁們回家休息時，隻身到總統府前廣場踱步，那種籌辦一場成功大型活動的興奮與壓力，在我的腳步下傾洩。「行政」確實是另一項藝術，它所帶來的成就與榮耀感，有時不亞於上台演出接受掌聲喝采。更重要的

辦戶外大型活動，工作人員手持軍用大型無線電對講機聯繫現場狀況。

是，如果沒有真正好的行政與藝術相輔相成，藝術或許還難以留下最完美的面容與記憶給予世間之人。很多人十分羨慕基金會的行政能力，對於我們的工作人員總是誇讚不止，我想，這只在於重不重視、用不用心而已吧！

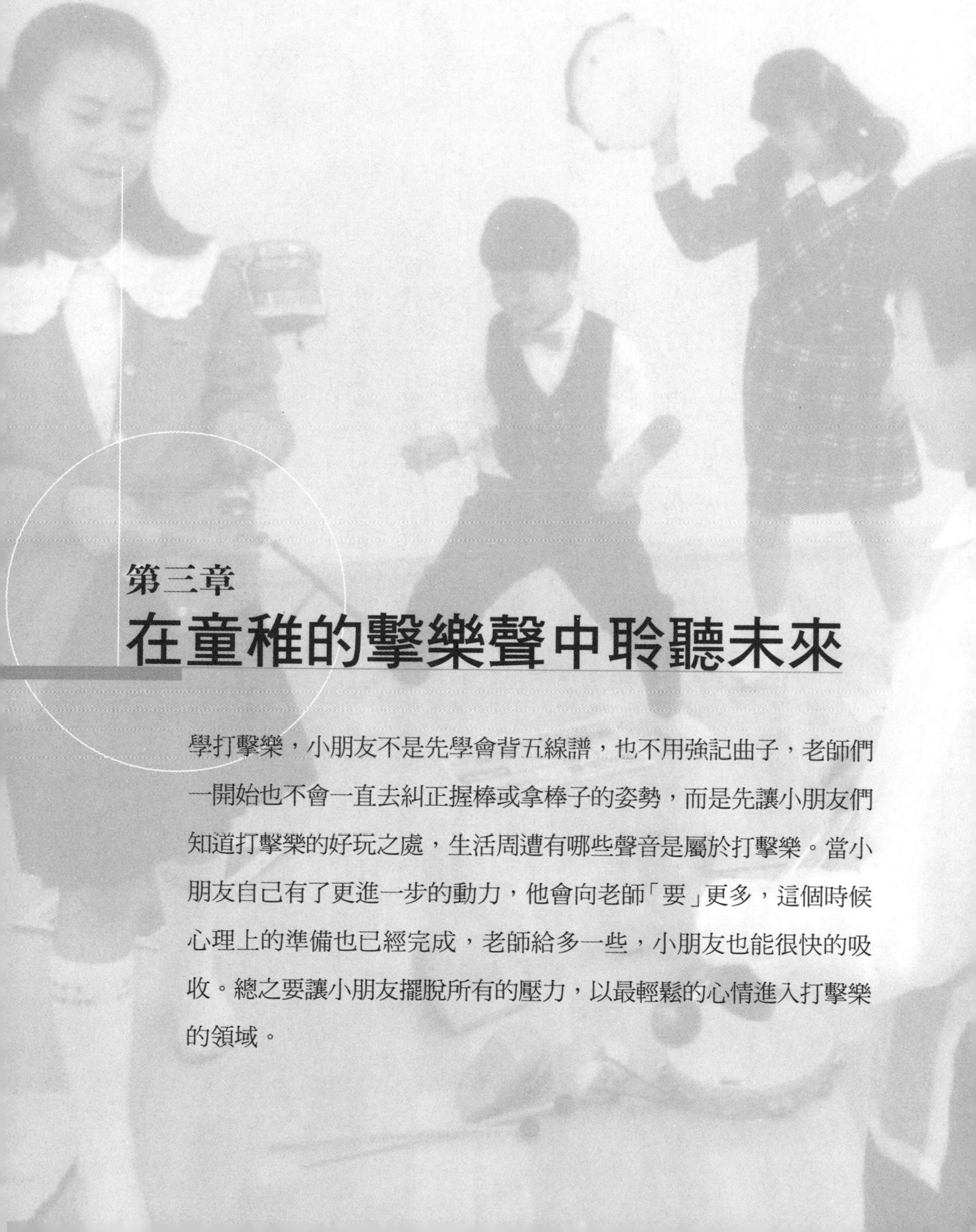

第三章

在童稚的擊樂聲中聆聽未來

學打擊樂，小朋友不是先學會背五線譜，也不用強記曲子，老師們一開始也不會一直去糾正握棒或拿棒子的姿勢，而是先讓小朋友們知道打擊樂的好玩之處，生活周遭有哪些聲音是屬於打擊樂。當小朋友自己有了更進一步的動力，他會向老師「要」更多，這個時候心理上的準備也已經完成，老師給多一些，小朋友也能很快的吸收。總之要讓小朋友擺脫所有的壓力，以最輕鬆的心情進入打擊樂的領域。

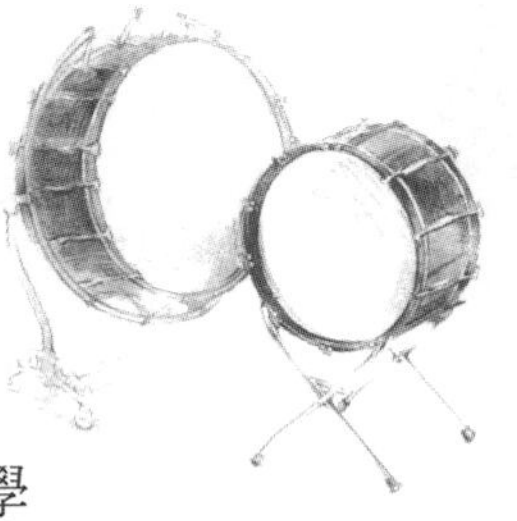

1 學音樂有必要這麼痛苦嗎？

在所有朱宗慶打擊樂團體系組織之中，最受到矚目的莫過於「打擊樂教學系統」，也就是「朱宗慶打擊樂教學中心」了。目前全台有二十六間教學中心，一萬多名學生；從民國八十一年創辦以來，共計五萬多名學生曾經在系統中上過課。很多人視「打擊樂系統」為異數，因為這是第一個由藝術團體設立的體制外教育系統，也因為系統自創設以來即有著很好的口碑，還有便是系統一直給人獲利豐潤的印象。這在藝術界是少見的一個例子，我想，許多人說我具有「企業頭腦」的原因，或多或少也與教學系統有關。

早在創團之時，我就設下「演奏、教學、研究、推廣」為樂團經營的四大目標，希望透過樂團與個人的演奏音樂會，為台灣的打擊樂找到更多的觀眾，奠下良好的發展基礎。而在樂團全台巡演的過程中，我發現台灣人對於「打擊樂」的接受度比我想像中來得高，不僅僅因為樂團的票房一直令人滿意，音樂會中觀眾的反應，也往往超乎預料地熱烈。

十四年前，我們開始在兒童音樂會的最後，邀請小朋友上台，一起動手玩樂器。當時的想法很單純，只覺得打擊樂最容易帶動人心，如果能夠親自動手敲打樂器，樂趣尤其無窮。況且只要有一點節奏感，打擊樂是很容易上手的，小朋友們會驚喜地發現，自己居然也可以有模有樣地和台上的大哥哥大姊姊們合奏，這種興奮的感覺，哪裡都找不到。我們都以為，兒童音樂會應該要帶給小朋友們這樣的感受，才有正面積極的意義。

朱宗慶藉著與小朋友相處的過程，觀察小朋友對音樂的反應與喜好。

來自兒時的靈感

沒料到，小朋友們對於這樣的設計瘋狂極了，一旦抓住了鼓棒，要讓他們放手簡直是困難。也就是從這個時候開始，「什麼時候開班，教我們打擊樂？」的探詢聲一直不斷。可是樂團團員有限，要他們去教授打擊樂的可能微乎其微，於是，我開始思考開辦「擊樂教室」的可能性，想要培訓一些打擊樂基礎師資，讓有興趣的小朋友可以培養對於打擊樂的正確知識與觀念，也有機會真正動手「打擊」，感受演奏音樂的快樂。

還記得小時候接觸音樂的經驗總是快樂的，也許是鄉下人家的關係，我的父母從來不在音樂的學習上給予小孩子壓力，因此我一開始的音樂經驗很多是來自廟口的野台戲，或者是看著玩爵士鼓的哥哥和同好飆音樂。之後即使真正去拜師學藝，也是本著對於音樂的由衷喜愛，因此特別有動力，覺得是為自己而學習。

這便是我想為現代小孩塑造的健康學習環境。根據我自己的觀察，台灣學音樂的小孩中，最後約有八五%會中輟學習，因為父母總是期望自己的小孩交出好成績，可以證明自己的錢花得有意義。可是包袱太重，音樂就變得不好玩，小孩子也很快就失去學習的動力。我想要顛覆父母們的認知，創造一個環境讓孩子們玩，再透過「玩」去感受音樂、喜歡音樂，然後進入「學習」的領域。

當然，那時台灣已經有許多兒童音樂教學班，包括「山葉」、「河合」、「奧福」、「高大宜」等等，他們一直都很成功地扮演著音樂教育推廣的角色，對於台灣的音樂貢獻絕對不可抹滅。而我再創立「打擊樂系統」，並不是因為其他的機構不好，只是希望可以提供父母們另一種學習音樂的管道，也期待吸引原本對音樂可能不是太熱衷的小朋友，以另一種方法認識音樂。

小朋友一旦抓住了鼓棒，就愛不釋手。

透過「玩」去感受音樂、喜歡音樂。

讓小朋友沒有壓力的玩音樂

我一直堅信，打擊樂十分適合於兒童音樂教育，因為打擊樂從人最基本的肢體動作出發，也就是說，人是天生的打擊樂家，對人而言打擊樂是再自然不過的一種音樂型態了。此外，打擊樂的樂器取之不盡，舉凡人生活上的一切，無論是鍋碗瓢盆桌椅，甚至於身體，都可以當作打擊樂器，發出不同且豐富的音色，來表達自己的情緒；而且就在這樣「發現新樂器、實驗新音色」的過程中，就可以訓練讓創意源源不絕地湧現。一開始學習打擊樂，老師並不會著重技巧，而是引領小朋友進入音樂的世界，因此小朋友可以沒有壓力地快樂玩音樂。

不單只在心理上，玩打擊樂還能鍛鍊人體的大肌肉，對小

小班制的課程，維持良好的教學品質。

朋友的身體成長是有助益的。而且打擊樂難以單獨演奏，必須仰賴群體合奏，小朋友因此得學會合群，同時還要懂得學習表現自己並且成就別人，這對於他們的未來人格發展，有著很正面的影響。

進一步想，教學系統也可為樂團以及其他各項藝文活動培養觀眾，或者，有機會遇到有天份的孩子，還能培養成為未來的音樂家。就算沒有音樂家的天才，只要現在的學習讓他一輩子都喜歡欣賞音樂，也是值得的。同時，分散於全台灣的教學中心，也能權充地方社區的「文化中心」，提供學生以及家長更多的藝文資訊。

照著擘畫的藍圖，我在十年前開始了教學系統的籌劃工作，一方面進行系統的組織計劃，一方面則要編寫教材、培養師資，同時開始尋找有志於兒童音樂教育，並與我享有共同理

活潑的課程設計，讓小朋友輕鬆地進入音樂世界。

念的合作夥伴。我不希望「教學系統」變成另一種音樂補習班，但我知道一旦招牌掛出去，大眾還是不免會產生誤解，我們必須做得更多更好，才有辦法取信於人、說服大家。

也因此，無論從哪一個角度看來，「朱宗慶打擊樂教學系統」都是創舉，我根本沒有前例可循。凡是我的專業不能及的部分，就必須仰賴直覺告訴我如何做才是正確的，就例如教學中心的數量要有多少、設教學中心的位置，甚至是裝潢佈置、經營者的審核、師資的挑選等等。做好開設教學系統的準備之後，在教學總監梅苓的主導，以及系統顧問高哲彥的建議之下，於全台北、中、南共舉行了三場系統說明會，希望透過這樣的管道，找到可以同心協力的合作夥伴。

教學品質要求最高標準

我並不是「朱宗慶打擊樂教學系統」的「經營者」或者「管理人」，正確的說，我是這一套「教學系統」的發明創辦人，我擁有的是這一套系統的版權，而非經營權。但也就因為是系統的創辦人，我會要求控制品質，要求合作夥伴維持我的理念，對於系統的經營也會有不少意見。一開始，我先成立了教學總部，負責教學系統的各項事宜，隨後就將系統的經營交給高哲彥先生主持的「高品文化公司」，一年之後，再委由梅苓老師主持、企管專家詹炳發先生擔任顧問的「翰立文化公司」全權主導教學系統。梅苓老師畢業於台北師專音樂科，曾經在小學教書，又擁有省交工作的經驗，也於維也納音樂學院修習

朱宗慶創設打擊樂教學系統，要讓小朋友在音樂中快樂地成長。

音樂教育，因此她來負責教學系統的經營，我極為放心。

由於並不是由樂團或基金會直接進行教學中心的管理與經營，我更需要對於教學中心的品質，採取最高標準。當初在選擇合作夥伴時，我們不僅要考慮他們對兒童音樂教育的理念，也嘗試了解他們個人的特質，以及經營教學中心的熱忱。我很清楚，依照自己的理想開設教學中心，成本不會低，盈餘自然不高，如果一開始就抱持著過高的錯誤目標，注定會失敗。教學中心成立後，我和同仁們，也總是三不五時地突擊造訪全台的教學中心，以嚴苛的眼光檢視，不停提出書面或口頭改善建議，遇到有問題的教學中心，會先給予一段時間的改善期，過了改善期後仍然沒有解決，我便毫不遲疑地要求授權經營單位關掉教學中心——即使得賠上所有本錢。

兒童教育影響孩子的一輩子，沒有一個環節可以掉以輕心。

民國八十一年一月，第一家教學中心開辦，我實踐了另一個理想，而打擊樂則在台灣邁向了新的里程碑。始料未及的是，教學系統的工作極其辛苦，十年來我遇到的挫折無數，甚至還萌生過退意。然可以自豪的是，我對於教學系統的看法與期待沒有錯，系統教出來的學生，對於音樂的態度是積極而快樂的，對自己總是充滿了自信，而且由系統學生自發組成的社團——「傑優青少年打擊樂團」已經舉行過第一次公演。每每看著這群快樂的孩子，我總要慶幸自己當初有莫名的勇氣，堅持住每一個難熬的關卡。

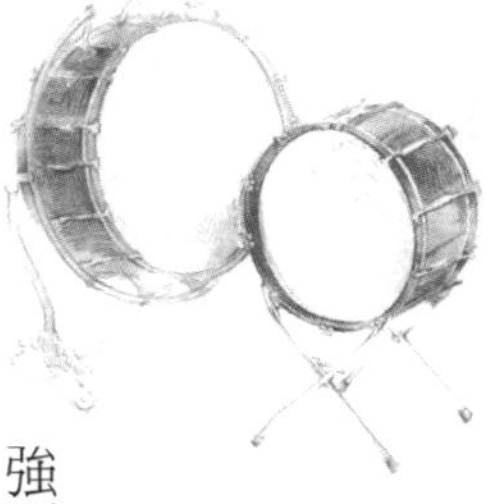

2 接受，否則停止！

成立教學系統以來，最大的困擾，來自於對教學中心經營者的理念說服。為了證明理念，有些時候我只得強硬地快刀斬亂麻，將教學中心的經營權收回來，由教學總部直接管理。系統成立十年來，關閉或移轉經營權給教學總部的教學中心共十五間，目前全台二十六間教學中心中，有十一間就是由教學總部直接經營的。

我對於教學中心的要求很嚴格，尤其教學中心的安全、裝潢，以及合法性，一絲不苟。雖然已授權文化公司經營，但因系統創辦人的身分，以及對於理想的追求，總是會賦予相當的關心，所幸教學總部以及各地教學中心都能理解並支持我的想法。就以「合法」這件事來說，因為法令過於嚴苛，市面上很多的補習班場地都申請不到營業執照，只得「偷偷摸摸」的營業，遇到臨檢風聲就拉下鐵門避風頭。我們雖不滿現有不合理而且吹毛求疵的法令，也不願作違法的事，所以只要是掛著「朱宗慶打擊樂系統」名稱的教學中心，若取不到營業執照無法通過立案，寧可選擇放棄、損失龐大本錢也不願落人口實。系統中最「短命」的一間教學中心位在桃園，就是因為拿不到營業執照，不到六個月就只得移往他址。

對於教學中心的規格、空間、清潔、周邊環境、安全，乃至於工作人員的素質，教學總部都會要求，連教學中心主任的人選也必須經由總部同意始可上任。至於裝潢，則是從心理層面去做考量，要求每一間教學中心都要裝設良好的隔音設備、充足的燈光、優質的音響，以及充沛的植物。設備良好、光線充足，隨處有綠蔭的環境，可以抒緩人的情緒，讓人充滿希望。我期盼小朋友一進入教學中心，就有快樂而充滿活力的感受。

就連教學中心內擺放的雜誌，我也有意見。我希望教學中心不僅僅是小朋友們學音樂的場所，帶著小朋友來上課的家長們，也可以在這個環境中，放鬆心情看看書報，甚至獲得一些藝文資訊。雖然並非反對財經類的雜誌，我卻堅持教學中心內不放置投資理財類的刊物，希望透過風格的建立，家長對於教學中心的認知，會是「音樂學校」，而不是補習班。當然我也希望陪著孩子來上課的父母們，也可以在這樣優雅的環境中，感受到藝文的氣息。

擇善固執

根據計算，要達到我們要求的條件，一間教學中心僅是裝潢的成本就相當高，這並非一筆小數目。很多合作的夥伴在這一點上，與總部僵持不下，或者會陽奉陰違，在我們看不到的地方動手腳，試圖省下一些錢。還記得系統位於台北縣的第一間教學中心，開課不久之後就遭到鄰居拉布條抗議，寫著「朱宗慶滾蛋」。我親自到現場與鄰居們溝通，才發現他們並不是對「朱宗慶打擊樂教學系統」有意見，而是這間教學中心的隔音設備不符標準，干擾到左鄰右舍的生活。這樣的輕忽態度難以容忍，即使和教學中心的主任是舊識，我還是下了最後通牒，要求改善，如果無法如期改善，我會毫不遲疑的關閉教學中心。

我能理解，有的合作夥伴是因為沒有信心，產生不了遠見，所以不敢繼續投資。就拿招生或者活動廣告來說，有些教學中心主任認為當下的招生狀況尚可，因此不願意做推廣工作，可是他沒有想到的是，推廣不僅僅是為了當下，也為了教學中心的長遠發展，如果再因為招生狀況不佳，不願投資經費在廣告之上，則會形成一種惡性循環，讓自己的路越走越狹窄。

有的教學中心不能節流，就只好設法開源。曾經有教學中心設攤賣複製畫，也有教學中心賣起簡單餐飲，振振有詞說要加惠來不及用餐的學生與家長，我雖然同意這樣的體貼心意，然而這「心意」實在與中心「格格不入」，因此也受到推翻。所有的理由一概不被接受，都遭到強力禁止，我們的想法是——接受「朱宗慶打擊樂教學系統」的理念，否則就停止。

很多事情真的無法一一溝通與說明，因為「教學系統」沒有本錢等待苦口婆心，只要一步走錯，或是不經意的放鬆，教學中心將很難走原路，重建他人對系統的信心。所以倘若合作者不能遵守彼此的約定，只好由教學總部將教學中心收回管理，用行動去證明我的理念絕對不會有錯。記得有間位在台北市鬧區的教學中心，從開設以來，每一期的學生都約在一百人左右，一直處於慘澹經營的狀態，卻堅持不肯照總部的建議進行改善，於是我立刻決定收回經營權，而在不遠處另外找了一個地點開設教學中心。新的教學中心地點比較不好，但是全部依照總部的方法運作，經過一年的努力，招收的學生由原來的一百人增加為七百人，足足是原來七倍之多。可見經營的態度與理念，確實可以影響教學中心的成績，甚至生存。

而且，即使關心教學中心的招生狀態，我也容不得破壞制度的招生方式。系統規定滿四歲的小朋友才能上課，就有教學中心主任會質疑「三歲半和四歲差多少？」認為要他將送上門的學生推出大門是不合情理的要求，而沒有想到相差的這半歲，是幼稚園與小學的差別，現在准予他入學，反會造成往後學習的障礙。我並非認定「三歲半」不是開始學習的年齡，而是在我還沒有專門為三歲半的孩童撰寫教材之前，就不應該招收這個年齡的學生。另外，還有為了接送方便而希望全家一起上同一個班級的家庭，但每個人的年齡差異過大，因此也遭到我們的拒絕，一下子少了五個學生。

嚴格打造師資

我寧可不要學生，也不能容許教學中心各行其事，破壞了品質。這就是為什麼經過了十年的經營，系統還是只有二十六間教學中心，一萬名學生左右，沒有理所當然地快速發展成為龐大的連鎖教學中心。當機構變得過於龐大，很多的細節就會遭到遺忘，我決不願意看到「朱宗慶打擊樂教學系統」邁上這樣的道路，而寧可維持著一個可以控制的規模、讓父母們永遠可以信賴的品質。慶幸的是，現在的教學中心經營者，都能夠依著我們的理念，維持最優異的教學與經營品質。

我不僅僅對於教學中心經營者的要求嚴苛，即使是自己培訓出來的教師，我也用這樣的態度要求著。

教學系統的教師，是統一招募並加以培訓而成的。只要是經過遴選通過的教師，要先經過四〇〇小時的密集職前訓練，訓練內容涵蓋音樂與教育學，分發至各個中心任教之後，每週一次我們會將全台老師分為七個區進行研討與教學心得分享，並邀請專家學者進行在職訓練，充實老師們的教學能力。

對於系統的教師，百分之九十為音樂系的畢業生，其中僅有少數是非音樂科系畢業，我並不要求他們一定是音樂系的畢業生，只要具備基本的音樂能力即可，但是希望在他們身上看到「愛心」以及「耐心」，因為根據經驗，這是一位成功的兒童教育工作者最需要具備的條件。很多音樂系畢業的學生，會太用「對錯」的標準去衡量學生的表現，如此會造成學生很大的壓力，也容易讓小朋友討厭音樂。好的音樂基礎教育老師，應該扮演的是輔助、引導及鼓勵的角色，對於孩子的未來才有幫助。

很多系統的老師，因為能夠掌握得住孩子的心理，因此很受小朋友以及父母們的喜歡。可是也有優秀的老師，就因為受到歡迎，漸次發展出自己的一套教學法，而違背了我們的設計。如果經過懇談，仍沒有獲得具體改善，我們便會毫不猶豫地停止他的教學活動。我從不輕易在原則上讓步，也幾乎不給予「例外」，否則情況很容易變得混亂而難以控制。

十年來，我與合作夥伴的「理念之爭」經常發生，而我也從來沒有一次屈服過。為此，有些原本是舊識的中心經營者，甚至會對我產生不諒解，認為要求過嚴。於此，我不願設下轉圜空間，寧可以誠懇、以熱忱、以事實，去說服願意投入這項工作的同伴，只要他們願意信任我，我也不會讓他們遭受損失。說來要特別感謝我授權經營系統的文化公司以及各地教學中心，可以這樣寬容我，接受我的想法與堅持。現在各教學中心所呈現出來的高品質，也就是來自於所有參與系統的經營者共同的「擇善固執」。

身為藝術工作者，我常會有自己的堅持，關於理念，我除了態度強硬，不作其他的考量，而相對的，我會努力充實自己，讓願意與我攜手合作的夥伴們，在這樣的過程中，彼此都能夠成長。

3 改看法，也改想法

「朱宗慶打擊樂教學系統」的立意，並不是因為別人做得不夠好，也不是要為這個社會再添一家音樂補習班，而是透過玩打擊樂，將音樂內化到小朋友的生活之中，因為在我的經驗中，打擊是一種人的本能，學習打擊樂可以為小朋友帶來快樂感受，以及接觸音樂的感動，從而會打從心裡喜歡音樂，並且樂於進一步接受音樂訓練。當然我也樂觀的期望，可以藉由孩子影響家中其他成員，逐漸地讓全家人都喜愛藝文。在我的設計之中，「快樂」是學習的重要因素，根據經驗觀察，如果學習中少了愉悅的心情，小朋友很容易就會放棄。

所以在「擊樂教學中心」學打擊樂，小朋友不是先學會背五線譜，不用強記曲子，老師們一開始也不會一直去糾正握棒或拿棒子的姿勢，而是先讓小朋友們知道打擊樂的好玩之處，生活周遭有哪些聲音是屬於打擊樂。總之要讓小朋友擺脫所有的壓力，以最輕鬆的心情進入打擊樂的領域，再透過打擊樂這個「媒介」，讓藝文成為他們生活的一部分。

老師們會鼓勵小朋友用鼓棒的敲擊表達自己的情緒，只是從旁協助，而不給予「對錯」的評價。當小朋友自己有了更進一步的動力，他會向老師「要」更多，這個時候心理上的準備也已經完成，老師給多一些，小朋友也能很快的吸收。

音樂以快樂爲節拍

這樣的做法相信和其他的技能型補習班差很多。但我可以肯定，每個從我們的中心踏出去的小朋友，都是快樂的，他們不會在每次要來上課之前掙扎，想一些藉口躲掉上課，而且他們會有成就感，因為沒有人會在他敲錯節拍的時候，把他挑出來責罵。

我是用小時候對音樂的快樂記憶來設計課程的，也相信曾經在「打擊樂教學中心」學習音樂的小孩，長大後對於學音樂的印象是美好的。只是，父母們不見得相信我這一套。一開始，甚至連中心主任和老師，有些時候都存著小小的懷疑，並對我提出質疑——因為不知道要如何向父母們解釋。

關於這一點，我完全能夠理解，過去社會的經濟狀況不好，父母一旦花了錢讓小朋友學一項才藝，就期望看到一些「成果」，可以在親族朋友聚會的場合，讓小朋友為父母贏得一點讚嘆，再或者，小朋友也許是個小神童，將來有機會上舞台成為真正的音樂家。

教學中心剛開辦的時候，我們遇到的家長大概都是這樣的心態，因此他們會和其他的音樂補習班「比較」，會向我們抗議：「為什麼我的小孩子學了三個月還看不懂五線譜？」「為什麼別人的小孩已經會彈二十首曲子了，我的小孩還只是在敲節奏？」曾經遇到過最激烈的狀況是，有位媽媽因為覺得老師們

「管得不嚴」，竟然在老師面前打起小孩，讓老師看看。

我經常做的，就是不厭其煩的解釋，「看譜」只是一種簡單的能力，不代表什麼，任何人只要願意，在家用一、二個月的時間練習，就可以輕易地看懂五線譜。而如果用曲子去衡量，孩子的「進步」就只能用曲子的數量慢慢累積，我們要求的是音樂的貫通，因為一旦貫通，前進就沒有障礙，五十首一百首都不會是問題。後來，很多系統的學生就以優異的表現與能力，印證了我當初堅持的想法。

把父母請出教室

另外，「朱宗慶打擊樂教學中心」也很貫徹實行「把父母請出教室」這樣的概念。很多音樂班會讓父母和小朋友一起進教室上課，名義上是陪著上課，替老師管秩序。可是這樣一來，小孩子的壓力就大了，整堂課戰戰兢兢的上，絲毫不敢踰矩。而且父母很難不發表一些意見，如此一來，又可能干預了上課的內容及進度。我們選擇將父母請出教室，在教室外的休息區看書、聊天，放鬆心情。我們也不希望父母到教室窗外張望，以免他們會看到「自己的小孩表現不好」，回家責難。但我們會定期邀請家長進入教室，一方面向他們說明教學的過程，同時也溝通將來的配合方式。此外是透過固定安排演出，讓父母們都可以欣賞兒女們的學習成績。

這項措施真正惹惱了一些父母，他們認為花錢上課，已經不能進教室了，如果連在窗外看看都不行，是完全不能接受的，寧可不讓小孩繼續學下去。在教學系統中，學生流失泰半是這個原因。

我可以預見，要去改變台灣父母長久以來的教育習慣，絕對是難上加難，因此從一開始就設計了一些和父母溝通的管道。首先，我有定期出版的刊物，寫「給父母的話」，闡明自己的想法。此外，我設立一條父母專線，讓爸媽有任何疑問時，可以親自打電話與我溝通，或向我表達他們的想法。教室也會安排我和家長們小聚聊天，讓彼此都有機會互動、了解想法，我便能和他們面對面解釋理念。

不可否認，我花費了相當大的氣力去說服家長的質疑，甚至於，我曾經幾乎就要放棄了。所幸原本樂觀而不肯輕易服輸的態度，讓我一次又一次地熬過所有的責難與不解，而能夠堅持下去。現在，應廣大「觀眾」的要求，我們還設了成人班；很多在系統教學中度過音樂童年的小朋友，於父母們自發的努力下，成立了「傑優青少年打擊樂團」，雖然屬於社團性質，但也已經舉行了公演。

學音樂可以有很多的方式，當初為了設計這樣的教學系統，我還向心理醫生請益，得到的回答是「各有利弊」。規規矩矩、戰戰兢兢也不是錯，而且好像許多優秀的音樂家早年都有過這樣的刻苦歷程；可是畢竟成為音樂家的因素與條件，只有少數人擁有，與其對孩子不恰當地抱著過高的期望，不如讓他們有個可以悠遊的空間，發展興趣。目前系統裡有些資質極為優異的學生，他們的天份就是在快樂的環境之中被發掘出來的。

打擊樂會傷害聽覺？

教學中心剛剛成立之時，也有部分具「專業知識」的學者發出質疑的聲音，懷疑小孩子學打擊樂可能會造成「聽覺傷害」。關於這一點，我毫不遲疑地站出來要與所謂的「學者」來一場辯證，打擊是一種本能，因為字面上的關係，很多人會以為「打擊樂」總是很吵、很大聲，然而我很有信心的是，根據人的本能而設計的樂器，發出來的聲音不會超過人體的負荷，不會是「噪音」，除非是空間設計錯誤，或者教材、樂器、師資不良；再者，教室裡的空間與教學的教材都經過精心設計，是絕對健康而安全的；我研讀過相當多的醫學報導，都指出「打擊樂」造成人體傷害的機率極低。我所要提醒的是，以所謂「學者」的姿態發表言論，就應該更負責，應該依憑實據，而不是隨便臆測就透過媒體放話。

也有教育學博士建議，兒童音樂教育應該從「管絃樂團」入手，因為樂器的種類多，兒童可以學得更「豐富」。其實很多方法都各有益處，只是我的專業在於「打擊樂」，因此對「打擊樂」有更多的了解與認識，最懂得如何透過「打擊樂」進行最好的教學；更何況「教學系統」重在「引導」，一開始會先以團體進行教學，學生可以在往後選擇自己的個別課。「管絃樂」相當精采，是「教學系統」中經常用來作為藝術欣賞的一種音樂型態，但是否「管絃樂」就是最好的音樂教育入門，我不是其中專業，因此無法表示太多意見。

打擊樂的聲音來源十分豐富，學習素材多，工具也多，舉凡皮質、木頭、金屬都可以是打擊樂器的材質，而且用手用棒子都能演出，創意十足又好玩，加上是人的一種本能，容易親近，也容易有反應，種種條件讓學打擊樂不是只會打擊樂，而是透過這種容易學習、成就感高的音樂種類，讓小孩子感受音樂，貫通音樂。節奏是一種基本功夫，未來，他們很可能會繼續學習其他的樂器，或者只是單純的懂得欣賞音樂，這不也就是音樂教育的最終目標嗎？

現在的社會經濟狀況好多了，父母們較少逼迫著小孩交出成績，很多人只要小孩快樂就好。這種轉變，不容否認對於我們的教學系統，壓力是小多了，但也因為如此，父母和小朋友似乎越來越容易「不在意」，這又形成了另一種問題。

教育，有些時候看來，真是一場無止境的艱辛過程，要能夠咬著牙堅持，才不至於隨著社會主流的不停改變，而亂了手腳。

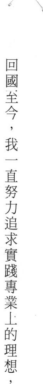

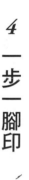

4 一步一腳印

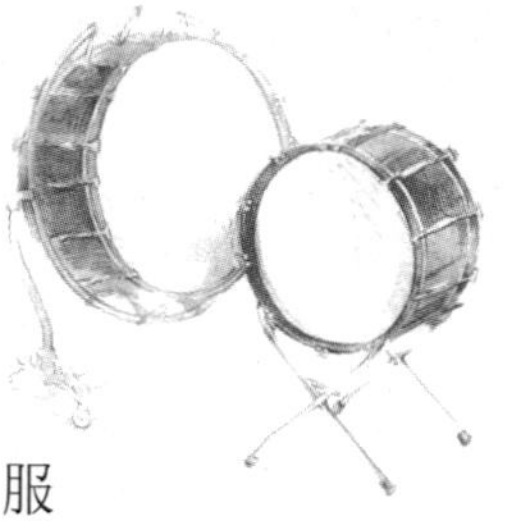

回國至今，我一直努力追求實踐專業上的理想，「打擊樂」是媒介，除了在音樂方面的追求，也是我用來服務社會、結交朋友的一種工具。因為對於自己的夢想認真，所以我早在回國正式步入社會工作之時，就已經設定好短、中、長程計畫，要同時並行「演奏、研究、教學、推廣」四項工作，並將自己的價值觀——「珍惜一生一次的機會，並賦予最大的活力與熱忱」——貫徹在所有的工作之中。

樂團十五年來，我沒有一刻不是認真地在經營著這個團體，立足於台灣這個島上，並放眼國際舞台；台灣、澎湖、金門、馬祖，這塊土地的每個角落，樂團都走過，都演出過，一〇四八場的國內外演出，是樂團最紮實的成績。此外，我還成立了「2團」，以培植下一代打擊樂人才，並且成立「3團」，以作為年輕人陶冶生活、接觸藝術的社團。

在這可謂是「一步一腳印」的過程中，我深刻了解藝術札根的重要性，這不僅僅是靠樂團馬不停蹄的演出就可以完成，還需要更為深入的教育工作。當然，我在大學教書，培育藝術的「高級人才」，也經常演講，或參與短期講座，和有志者多所交流，但是要讓打擊樂更專業，也更普及，這樣的教育工作太不足夠了。所以我從體制內的教育出發，在八十年創立了自己的體制外教學系統——「朱宗慶打擊樂教學系統」，一方面希望結合更多同好共同努力，而另一方面，也因為有了教學的需要，我會更投入打擊樂的研究，蒐集更多資料進行分析，這些不管是來自於歷史、傳統或者創新的研究，則會轉化成為演奏或者教學更豐富的養分。

我相信自己應該是腳步比較快的人吧，能夠為自己所愛的打擊樂做這麼多的事，實在是幸運。然這樣的過程也是極其寂寞、辛苦，而挫折不斷的，感覺上彷彿是自己往前奮力地走了十步路，就會讓人拉回九步；老實說，有些時候我甚至要懷疑自己這麼積極地演出、教學、成立基金會、辦雜誌的意義為何。特別是「教學系統」，遭受到最多的誤解與質疑，讓我特別感到艱辛，倘若沒有絕對的堅持與對自己的信心，我想我已經被種種的挫折給擊敗了。所以有些時候我會自問，到底「教學系統」對我要做的事情，是一項助力還是包袱？

我們不是補習班

還記得二〇〇〇年八月，我幸運地獲得國家文藝獎的肯定，當晚我正在進行一場兒童音樂會的排練，有位知名電視台記者特地前來進行採訪，她特別問到了「朱宗慶打擊樂教學系統」，對於我的「經營」與系統的「利潤」很有興趣。因為當時正忙於彩排，沒有太多的餘力，我僅僅簡單地向她說明了創辦系統的理想與理念，無暇仔細說明其他。未料，當晚新聞播出的內容，卻出現了教學系統盈餘的數字統計，而且是個離譜至極的數字。

這位記者其實出於好意，她意圖用「利潤」來衡量我的「成功」，可是卻為我帶來無比的困擾。於是我去電詢問這位記者如何計算出這樣的數字，因為我自己都不十分清楚這些數據，更沒有告訴她這些資料。而這位記者的回答是，「根據一般補習班的狀況去估計的」。這就是我十分在意，卻又屢屢遭遇的誤解。

「朱宗慶打擊樂教學系統」不是補習班！並不是我反對補習班，然而「教學系統」是以學校的方式進行，不能與補習班相提並論。在我們的教學中心，每一班上課的人數僅僅八到十五人，每一星期上課五十分鐘，和補習班的每班動輒五十到一百人，每星期上五、六個全天課的「上課」方式完全不同。此外「教學系統」還要求中心有足夠良好的音響空間、隔音與吸音設備、精密安全的樂器、清潔雅致的學習空間，在這樣嚴格的要求下，教學系統的合作夥伴所能夠獲得的「利潤」，恐怕抵不過開一家小店吧。

可是眾人總以為「高尚」就必然等於「高利潤」，「朱宗慶打擊樂教學系統」因為有我的要求，反而就註定脫離不了「賺錢」的誤解。系統是理想的實踐，對於樂團也確實有些幫助，但也導致了政府補助經費的減少，以及企業贊助的缺乏，大家都認為，「朱宗慶打擊樂團」不需要援助，所以八年前當樂團第一次獲選為政府扶植團隊，補助金額是新台幣二百多萬元，八年來，樂團依照政府的「期許」，逐步發展成為職業團體，進行更多的專業演出企劃，聘用更多的專業行政人員，增添更多的設備，而政府的補助還是維持在新台幣二百多萬元。

我也曾以此詢問政府機構，得到的回答是，他們希望樂團能夠發展自立的能力。換言之，假設系統做得越好，做得越多，政府給得就更少，我的努力反而成為自己的阻力，結果是政府補助與企業贊助都減少了。

幾年前，我獲選為國立藝術學院音樂系系主任，上任的第一天就收到黑函，有人匿名抨擊我「在外經營事業體、開補習班」。不久前，學校一位兼任老師因為教學不順利影響了聘僱資格，因而遷怒於我，在一個公開的場合對我冷言：「系主任經營事業，你小心一點」，我想他大約是喝醉酒了，當場僅能一笑置之，然而心中挫敗的感受卻久久揮之不去。

「打擊樂教學系統」原本只是我單純的一個夢想，可是卻為自己引來這些無端的誤會與紛擾，這究竟是得是失呢？

先感覺後技巧

體制外音樂教學系統並不是我的創見，許多音樂家或者音樂教育家都依照自己對於音樂的理解、自己認為最好的音樂學習方式，以及對於音樂教育抱持著的理念，親身設計自己的「教學系統」，像是世界聞名、由德國音樂家卡爾奧福在奧地利發明的「奧福(Orff)教學法」，在一九六九年由蘇恩世神父引進國內後，就引起了國內音樂教育界相當大的迴響。此外，還有來自於匈牙利的

「高大宜(Kodaly)系統」、「鈴木(Suzuki)」，以及來自瑞士的「達克羅士(Dalcroze)」，種種體制外的音樂教育系統都在全球各國受到了相當的歡迎，並獲得廣泛的討論。

十多年前第一次接觸到這樣的音樂教育體系，當時我就感受到一股強大的興奮，想像著或許我能用「打擊樂」為素材，以本土的觀點發展出一套音樂啟蒙教育系統，讓更多人藉此進入藝術學習與欣賞的領域。

我便依照自己的研究與理念，設計出「朱宗慶打擊樂教學系統」，除了將心理學、音樂學、兒童教育學，以及多年的演出經驗納入我的教材中，就連系統的行政、組織架構也都在設計的範疇內。在我的想法裡，教學系統的發展架構是先從學習者的「感覺」培養起，讓學習者先喜愛上打擊樂，才進入「技巧」的發展。未來，有能力的人可以往專業音樂的領域發展，或者僅只把音樂當成人生的一種嗜好與興趣，都是很好的結果。

我一直以來所強調的理念是，敲敲打打是人的本能，是與生俱來的能力，是一種最自然的事情。而人有「愛玩」的天性，經由適切的引導，能夠在打擊樂中找到無窮的樂趣。而且打擊樂可以帶來「高成就」，因為在初學者的教材設計中沒有對錯的壓力，小孩對於打擊樂以至於各項音樂的興趣都會提昇。小朋友在年幼時對於音樂的敏感度最高，加上打擊樂的樂器沒有限制，讓小朋友一方面訓練創意，也增加對各種音樂音色的敏感度，這才是音樂學習過程中最重要也最困難的。

合群的音樂

就社會的層面看來，打擊樂是一種「合群」的音樂，演出者要彼此支援與協助，才可能奏出優美動聽的音樂，因此學習打擊樂還可以培養合群的觀念，學習與他人相處、建立良好關係。而我以一位「本土音樂工作者」的角度來看音樂教育，則因為對大環境與背景的熟悉，可以讓這一套教學法與生活更加密切的結合。

我的角色其實很單純，只是一位對於音樂啟蒙教育有很多想法的音樂工作者，創立了一套我認為對於兒童的音樂啟蒙有幫助的教學方法，而且希望透過這一套方法，讓更多人有學習音樂的機會與管道。對我而言，教學才是本質，打擊樂則是一種媒介，學生們，無論是小朋友還是成年人，在經過這一套教學系統的引領之後，未來可以往各種音樂或者藝術的領域深入，或帶著家人一同投入，為國內的藝文環境培養更多的觀眾。積極的想，教學中心還可以成為地方的藝文資訊中心，也能提供更多的就業機會給學習藝術的人。

這就是我的想法，系統創辦至今，已經有五萬人在系統中學習過；這一套台灣本土的教學法，甚至在國際的打擊樂壇上也受到諸多的討論與肯定，證明了它的可行性。我想，只是台灣人對我的信心還不夠吧！所以會用不同的眼光去分別那些外來的教學系統，以及「朱宗慶打擊樂教學系統」。

記得樂團十五週年慶時，我曾期許樂團的「朱宗慶色彩」越來越淡，有朝一日樂團可以成為全民的共同資產。對於教學系統，我也有這樣的願望，希望能夠只是系統的創辦人，只是提供理念、參與開發合乎本能教材的一名音樂工作者，只需致力讓這一套系統獲得全球音樂教育界的認同就可以了。

「太困難了！」每當我再度被人潑上一盆冷水，又再一次遭到質疑，我都不由得要這樣感嘆，但往往繼而一想，又覺得事情如果太容易，或許也就輪不到我去做呢。談起「朱宗慶打擊樂教學系統」，我總是滿懷著喜悅與懷疑俱存的情緒，但無論有多少挫折，在心裡我總是清楚「朱宗慶打擊樂教學系統」是我最重要的資產，期望有朝一日這個系統會獲得世界的認同，會獲得國人的信任與推崇。不知道我這樣的想法是否只是在作夢，但夢想終會有實現的一天吧！

第四章
鼓棒琴槌敲開世界大門

打擊樂節的成功，讓國人也能夠如同紐約、東京、巴黎、維也納等國際都市的市民一般，透過一流的打擊樂工作者和世界交流，而且讓樂團也順利邁入世界打擊樂的主流，自此大量的資訊與資源紛紛湧入，樂團的風格與理念也開始獲得注意。我相信這也會是台北國際打擊樂節，甚至是台灣這一個地小人稠的島國最被全球打擊樂界記憶的原因之一。

1 大步邁上世界舞台

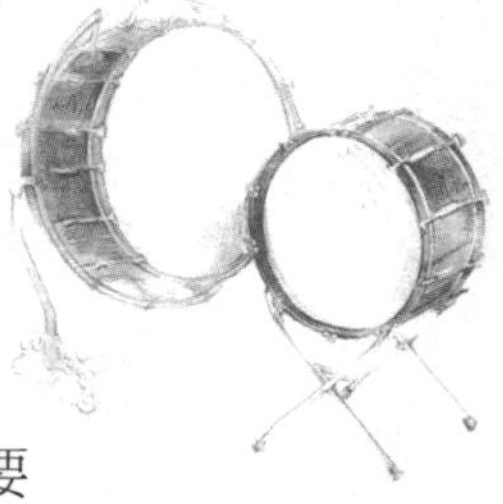

「國際化」是樂團必然要走的道路，身為打擊樂工作者，我有相當強的意願要將好的、足以代表台灣的打擊樂，推廣到世界其他的角落，也應該將國際上一流的、知名的打擊樂團引進國內。所以，除了開始嘗試透過一些國外的音樂家或學校教授，為樂團安排到國外——特別是美國的巡迴演出，我也開始構思將國外的打擊樂團體與音樂，介紹給國內的觀眾。

一九九〇年樂團首次赴美巡迴，在美國費城的國際打擊樂年會上進行了一場演出，以及一場京劇鑼鼓的講座，之後，並在北伊利諾大學、西維吉尼亞大學、肯德基大學、伊利諾大學香檳分校、University of Akron等五所高等學府

紐約時報大幅報導朱宗慶打擊樂團的美國演出。

巡迴；此外，我們也主動委請紐約華人機構，為我們在林肯中心的愛利斯廳舉辦了一場音樂會。其實在此之前，樂團也曾多次隨雲門舞集出國演出，不過都不是以音樂為主角；這一次的巡迴，應該才算是將台灣的打擊樂，正式介紹給台灣以外的聽眾。

籌畫打擊樂藝術節

國際打擊樂年會是個全球打擊樂年度盛事，所有知名以及重要的打擊樂家都會出席，藉此互相切磋琢磨，交流心得。因為年會學術性質很重，因此我慎重其事地為這一次演出設計了分量十足的內容，包含不少帶有濃郁中國特色的曲目。原以為這樣的設計多少會有點沉重，沒想到，卻在各地受到了相當的歡迎，不僅僅是音樂家，連一般觀眾都反映熱烈。這時我可以確定，樂團「東方與西方並進、傳統與現代融合」的打擊樂風格，是能夠在世界的擊樂舞台上有所發展的，而且應該透過更積極的交流活動，主動推向全球。

特別是在年會中，數千名打擊樂家共同朝聖的隆重與壯觀，讓我深深感覺，打擊樂的世界如此寬廣，台灣應該要參與，應該要有更多的機會擴大視野。我開始有了籌辦國際打擊樂節的想法，想要辦一個三年一次的打擊樂藝術節，當時約是一九九一年底，文建會的「國際扶植團隊計劃」還在籌畫當中，尚未付諸實行。

就在那一年的某天，當時的文建會主委郭為藩先生來樂團訪視參觀，趁此我便向主委提出了「國際打擊樂節」的想法，並獲得了贊同，因此，我們便很快的動手進行活動設計與團隊邀約。大家都十分興奮，畢竟這是空前的一項創舉，而且我們打算邀請的五個團隊中，包括了二個世界頂尖的打擊樂團，是大家一直以來可以耳聞，卻尚無緣親炙的團體。

該算是幸運吧，那時樂團與基金會都十分年輕，有著「初生之犢不畏虎」的勇氣與衝勁，我們雖然缺少經驗，時間也十分緊迫，卻都在短時間內確認了將要來台參加的樂團，包括了法國史特拉斯堡打擊樂團、瑞典克羅瑪塔打擊樂團、美國密西根大學打擊樂團、德國三人打擊樂團，以及日本岡田知之打擊樂團。邀約過程並不容易，由於當時樂團在國際上的知名度並不夠，這樣的一個新的打擊樂節又沒有任何可供參考的口碑，我們因而在團隊的經費上比較沒有談條件的籌碼。計算下來，總經費大約要八百萬元，我暗忖，文建會應該會給予四百萬左右的補助，其餘的經費則可透過企業贊助等等方式籌措，因此基金會應不至於賠得太多。

沿門托缽愈挫愈勇

九三年的除夕前二天，距離打擊樂節只剩下不到半年的時間，所有的邀約已經確定，參與團隊需要的樂器也已經在準備之中，大家都想利用新年假期，稍稍放鬆一下過去這一年來的緊繃心情，並為接下來勢必會極度忙碌的半年先作準備。這時，我接到了來自文建會的公文，駁回了我們的補助申請，理由是「無是項經費」。

收到這項「新年大禮」，讓原本成竹在胸的我，頓時陷入了絕對沮喪的狀態之中。只剩半年不到，卻竟然在最有把握的地方「翻船」，打擊樂節的赤字從四百萬暴漲成八百萬，而我沒有一點概念要如何去彌補這樣的「黑洞」。

我在冷清的街道上踱步許久，在心中翻騰的問題是：「要不要繼續辦下去？」答應來的團隊應該會理解，可以接受我們因為經費的關係不得不停止所有活動的理由。但所有的工作同仁、樂團團員，以及對我們一直有所期待的朋友，他們的失望該如何化解？而我的理想呢？已經堅持了這麼久，是不是該在最後一刻就這樣放棄？不知道走了多久，最後我把心一橫，決定咬著牙撐下去。

既然已經做了堅持的決定，當務之急當然就是去找錢。老實說，我自認為是個臉皮薄的人，向來鮮少向人求援，更遑論金錢的贊助了，可是顯然我並沒有第二個選擇，於是，我搭上飛機前往高雄去找基金會的一位董事，藉拜年之名，開口要了一百萬元。這位董事竟然也豪爽地答應我這個昂貴的要求，慨然贊助了打擊樂節一百萬元；而我居然還得寸進尺，再開口借了二百萬元，希望他能夠無息貸款給我，我一定在一年內清償。對於這樣的無理要求，他竟也只遲疑了幾天，就答應了我。

有了這最重要的三百萬作為基礎，彷彿就再也沒有可以難得倒我們的事了。基金會的董事們強力動員，為打擊樂節還需要的五百萬元奔波，像是柴松林董事以及林桂朱董事就積極地透過企業界的脈絡尋求支援，而董事長鮑幼玉則陪著我去向文建會說明，向主委爭取了一百萬，我則努力向教育部、外交部等等和國際打擊樂節能沾上一點邊的政府部門要錢。用「沿門托缽」這四個字來形容當時四處要錢的狀況，真的是再妥貼不過，而且直到開記者會了，經費還沒補足。

打擊樂節經費不足的窘況，獲得不少媒體朋友的支持，還記得有許多報導的標題就是「朱宗慶沿門托缽」，文中並對於打擊樂節的內容多所肯定。這些報導引起了相當的注意，票房因此扶搖直上，很多場次甚至門票售罄，有不少觀眾甚至從來沒有聽過打擊樂，全然是因為新聞報導引起好奇而前來聆賞。極佳的票房收入，對於打擊樂節的虧損有著偌大幫助，最後經過結算，基金會竟然還打平了收支。

第一屆打擊樂節就在這樣絕處逢生的驚險之中誕生，並完美落幕了。觀眾的迴響熱烈，讓我們欣喜若狂，並且有了繼續舉辦下去的勇氣，因此在九六年以及九九年，基金會又舉辦了第二、三屆的國際打擊樂節，邀請的國外團隊以及場次安排都越來越多。累積了相當的經驗，我們更多了一些自信與自在，雖然波折從來沒有少過，可是我們已能泰然以對。

打擊樂節前夕，工作人員連夜趕工架設舞台。

讓台北成爲打擊樂首都

打擊樂節的成功，讓國人也能夠如同紐約、東京、巴黎、維也納等等國際都市的市民一般，透過一流的打擊樂工作者和世界交流，而且讓樂團順利邁入世界打擊樂的主流，自此大量的資訊與資源紛紛湧入，樂團的風格與理念也開始獲得注意。首屆打擊樂節我們還必須放低姿態，主動邀請團隊來參與，到了第二屆打擊樂節，已經有團體主動送來資料，表示希望參加，而第三屆舉辦時，不少一流的團體會主動爭取機會，甚至願意放棄演出費，只要我們提供經濟艙的機票即可。

從一年一度在美國舉行的國際打擊樂年會中，尤其可以感受到不同。還記得九〇年第一次參加年會時，我們對於自己還不是十分有自信，看著所謂世界一流的樂團，總不免心生崇敬之意，少有勇氣前往攀談，認識我們的人更是寥寥可數。到了九九年，我因為擔任國際打擊樂協會總會理事而第三度赴年會時，幾乎沒有一個具知名度的樂團或個人不知道「台北國際打擊樂節」了。曾經參與打擊樂節的人，都會替我們向世界宣傳，並以曾經獲邀參加為榮；協會總裁更不只一次向理事們推薦及讚譽台北打擊樂節，並稱台北為亞洲最重要的打擊樂首都。

我對於打擊樂節的品質有十足的信心，也相信只要假以時日，它會變成一個世界上重要的藝術節之一。但是出乎意料的是，打擊樂節竟然舉辦了三屆，就獲得如此的重要地位。我想，最要感謝的應該是社會大眾給予的支持吧！還有十年前那股找不到原因的勇氣與傻勁，讓我以及所有的夥伴們，在絕望的谷底找到不願放棄的動力。

2
藝術談判、談判藝術

在辦理國際打擊樂節之前，我和基金會的所有同仁，都鮮少有「談判」的經驗，更不用說以「英文」談判的經驗了。然而，在資源與經費都十分有限的條件下，要籌辦一個品質與風格兼具的國際藝術節，就有賴縝密的運籌帷幄，以及談判的技巧了。

籌辦第一屆打擊樂節時，我們並沒有多少可以使用的籌碼，由於根本還沒有國際知名度，樂團的國際脈絡也尚淺。所有的參演團隊，或者是我們自己慕名邀請，或者是透過其他藝術家的介紹，大多抱持著「受邀演出」的態度前來，因此總少不得「合理的演出費」，對於我們想要透過藝術節而完成的理想，不見得特別在意。而又因為是第一次舉辦，我們必須盡可能邀請到世界一流的團體參加，有些時候不免要在演出費這個名目上，稍稍退讓一些。

其實現在算一算，這些一流樂團的演出費用，真的並不高，除了樂器的規格，他們也沒有其他特別刁難的要求。但當時只有區區八百萬的預算，扣掉必要的機票、食宿、場地租借、活動經費等等行政支出後，也所剩無幾，因此不得不樽節支出，多所計較。還記得第一次與法國史特拉斯堡打擊樂團接觸時，由於彼此不熟悉，他們索價甚高，在文書往來過程中協商並不愉快，我一度幾乎已經要放棄邀請這個一流團體了，後來是經過一次次考量全局的仔細計算，以及不厭其煩的信件往來說明，才順利訂定他們的來台條件。

也由於來台參與的團隊都對台北國際打擊藝術節有極高的讚譽，口碑傳開來後，讓我們可以拉高一些談判姿態。第

「台北國際打擊樂節」已成為世界各大打擊樂團爭相參與的國際活動。

二屆開始，我們就只是象徵性地支付團隊演出費，期望團隊是因為認同理念而前來參加，能夠省下來的經費，就拿去加強對團隊的生活招待，以及對觀眾的教育，例如製作極為詳盡的節日冊，介紹團隊也介紹音樂發展，讓觀眾不但是看熱鬧，還要懂得看門道。這絕非易事，卻真的讓我們做到了，團隊們居然最後都同意不支領費用來台演出。而到了第三屆，所有在台北地區的演出部分都不支付演出費用，不僅參加團隊都以受邀為榮，還有許多優秀團體等著我們發出邀請。

誠懇外加「阿莎力」的個性

曾經有人問我，是從哪裡獲得這樣的談判技巧。我想，這和我小時候的經驗有關。記得小學二年級時，因叔叔為同學擔任保人，間接導致家中破產，我們全家被迫搬走，門口被貼上法院封條，最慘的時候，連下一頓飯在哪裡都不知道，而朋友突然之間也不見了。經歷了這樣一場「人情三溫暖」，我強烈地感受到「尊重」的重要性，會盡所有的努力以贏得他人衷心的尊重，但也拒絕別人得寸進尺的要求。

所以一旦展開談判，我會先想清楚自己要的東西，以及想達到的目標，然後以最誠懇的態度，堅持應該有的要求。像是第一屆打擊樂節，團隊的品質是我的首要目標，因此無論如何要找到幾個世界一流團隊來參加，一旦確定了世界三大打擊樂團中已經有二個接受了邀請，我的心裡就多了一份篤定，而和其他團隊多了點商議空間。另一個例子，則是在第二屆打擊樂節時，加拿大芮克斯打擊樂團希望可以不要演出國人作品，理由是沒有時間練習。然而演出國人作品是國際打擊樂節的傳統，也是國人音樂在國際發揚的最重要管道之一，我幾乎沒有考慮就決定陣前換將，雖然芮克斯打擊樂團是個一流樂團，而且藝術節在一個月後就將展開，但是演出國人作品的原則是不容挑戰的，這是沒有任何轉圜餘地的堅持。

誠懇且「阿莎力」一直是我個性的本質，也是我這個從來沒有學過商業談判的藝術家唯一懂得的「談判技巧」。

當然，有時候「語言的隔閡」也會變成一種優點，為我爭取更多緩和爭議與重新協調的空間，設法與團隊合作找出有益於雙方的平衡點，讓雙方都能夠滿意。這是我累積三屆打擊樂節學來的經驗。

見樹又見林

談判需要靠經驗與時間累積，否則可能因為膽怯而終於失了立場。很幸運的是，在基金會籌辦國際打擊樂節之前，我曾經有一陣子擔任兩廳院顧問兼規劃組組長，經手每年的節目預算，加上前一年活動的審核與未來一年的計劃提案，考量的總預算等於高達數億元，每一份公文的簽訂，牽扯的都是三、五百萬元的預算。這樣的經驗不僅讓我對於金錢有了完全不同的看法，同時也協助我培養「見樹又見林」的氣度，讓我往後在策劃國際打擊樂節時，可以有更精確的拿捏。

不過，最要感謝的是台灣的觀眾們，因為他們的支持，讓我們有更堅強的後盾。每一次的打擊樂節，觀眾們的熱情是最讓國外團隊感動且記憶深刻的部分。在全球各地的藝術節或任何音樂會，大概都很難得看到觀眾圍著藝術家們索取簽名的鏡頭，然而在打擊樂節裡，這樣的畫面屢見不鮮，藝術家們真的受寵若驚，回去之後也非常念念不忘。

此外，第一屆打擊樂節舉行時，因為爭取場地以及補助，而受到了不少所謂「專業的攻訐」（似乎是避免不了的代價與成本），指稱我們邀請的團隊名氣不夠，事實上，團隊的演出相當受到國際矚目，觀眾的熱烈反映也讓這些攻擊消弭於無形，令我們勇氣倍增。有了來自觀眾的力量，我們往後再面對

台灣觀眾的熱情讓演出者受寵若驚。

國外團體時，也就更多一份自信，而觀眾的期望，成為我們重要的動力來源。

我經常提醒團員與工作人員們，要懂得珍惜他人給予的支持，也要學會成長，不要把他人信任當成自己的特權，成功畢竟是短暫的，能夠持續的進步，才是永續的最大本錢。

3 熱情，是我們最大的本錢

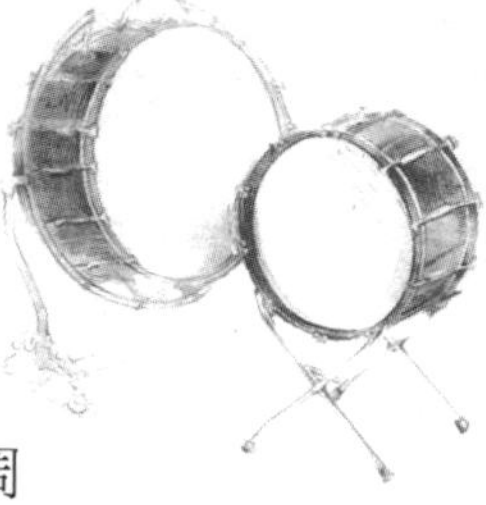

「熱情」是台灣人最大的本錢，這是我的母親從小教導我的。在我的記憶中，鄉下地方的人們總是怕招待不周，會竭盡所能讓外來的客人有著最貼心與豐盛的享受，我的母親就有著這樣的特質，這深深影響了我。主辦國際打擊樂節時，我也這樣要求工作人員，以最高的熱忱，讓演出團體一踏上台灣的土地，就像回到自己家中、圍繞在家人親友旁一般的自在。說來也許有人會驚訝，但我連接待人員的說話語調與態度神色都要求；在打擊樂節舉辦的這短短一星期左右時間內，我容不得任何的大意。

每一個到台灣演出的團隊，我們會依照團體特色與需要，指派最適切的工作人員擔任接待。不僅僅是與演出相關工作的安排而已，接待人員必須照料團體成員的生活起居，就如同國際大飯店裡「管家」所扮演的角色。出發前，我們會先以信件告知台灣當地的現況，包括天氣、交通、生活民情，仔細叮嚀所有的注意事項。

從心出發感動各方好漢

飛機一落地，我們的工作同仁就要叫得出團體成員的姓名。因為「直呼其名」會給人一種安全與信任的親切感受，很多初次到台灣的演出團體，對台灣的印象可能頂多來自新聞的報導，突然要在這裡住上一星期，其陌生的感覺可想而知。因此我要求所有工作同仁事先就背好每個人的名字，讓外國團隊和我們一下子沒有了距離感，取而代之的是老朋友似的融洽。而一住進飯店，外國團隊會發現我們已經為他們印製好名牌與簡單的名片，讓他們在台灣活動期間使用，即使要自行活動，也不會有找不到回旅館的路的恐懼。

同時，為了降低茫然的感覺，我們會為團隊們準備極其詳盡的文件資料，包括每一日的行程安排、演出的樂器清單、觀光地點說明，以及搭乘計程車的方式、醫院、緊急聯絡人等等資料，讓他們很清楚未來幾天內的活動概況，如此便可以放心把一切交給我們處理。基金會的精確程度，我能自豪地說，已經是國內屬一屬二的了，連不同團體打電話回不同國家的方式與步驟都詳細記載，還記得有個團體的團員一下飛機就打電話回家給家人，訴說我們這樣的鉅細靡遺。

第一屆的打擊樂節我們還沒有做到如此的縝密，但已經讓團隊印象十分深刻了，第二屆之後，基金會的同仁們「精益求精」，謹慎到連吃飯的座位都事先做了安排，連我也不得不讚賞他們的細心。很多時候人會因為熟悉，而失去了應有的熱忱與小心，尤其是每一屆參與的團隊數量與總人數都越來越多，基金會工作人員卻是在已經上手的工作中，也要設法找出可以改善的「漏洞」。基金會一直以來，都極力強調與一般經紀公司的不同，而嘴上說得再好，總不及在這每一細節上流露出來的體貼更能說明一切。

令人感動的相本

我們也會在團隊的行程中，安插一些驚喜。像是他們抵達的第一天，我們在晚上的接風晚宴中安排南北管演出，並且推出冰雕，讓這些藝術家們大開眼界。而在送別晚會上，團隊們會收到我們的臨別禮物，其中除了台灣當地的「藝術特產」——由文建會出版的藝術產品，還有台灣作曲家的演出樂譜，希望他們未來能夠多加演出，以及最讓他們感動的照相記錄本。

這是基金會過去一位員工劉家渝的創舉。我們在團隊抵達之前，已經做好記錄的規劃準備，從他們一下飛機，到演出，

工作人員連夜趕製的相本，是團隊台灣之行最具意義的紀念品。

到日常觀光遊覽，我們都派了攝影師相隨，在不被注意的狀況下，詳實而完整地記錄了他們在台的活動。最後一天晚上，我們會趕製好每個團體專屬的相本，在晚宴上送給各個團隊。沒有一次例外，團隊總是感動莫名，大約他們沒有參加過任何一次的藝術節，是以這樣的方式來照顧與關切他們的吧！

如之前所說，我們在第二屆之後，就只是象徵性支付團隊演出費用，並且在第三屆開始停止演出費用，但是我們對於團隊的照料，卻是有增無減，我寧可用更多的體貼讓他們感動，也不願讓他們將台北國際打擊樂節當成一種營利的活動，參加是為了演出費用。而我也相信，沒有一個參加過打擊樂節的團體，不是以「獨一無二」的感動，記憶著這一場屬於打擊樂的盛宴。

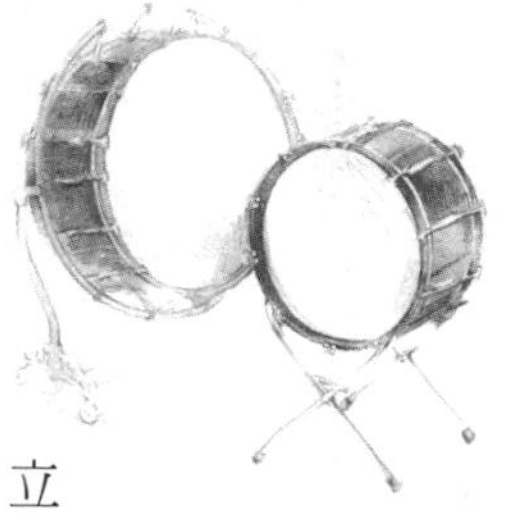

4 在辛苦中收穫甜美

一九九三年當第一屆台北國際打擊樂節舉辦的時候，樂團與基金會都還十分年輕，才剛剛開始積極的建立與國際打擊樂界的關係，而最熟悉的演出領域，是這個我們居住的地方。雖然也有出國巡迴的一些經驗，但是我們的視野，確實是在打擊樂節之後才真正打開，在此之後，我們對於自己的能力更加確定，看待世界的態度也更加充滿自信。

年輕，最大的好處是充滿勇氣；最大的挑戰，則是經驗不夠，在許許多多準備的工作上，就不夠完整，時間上也顯得過於急促。很多時候，我們是在最後一刻才發現問題，並且在最後關頭找出解決的辦法；有時，問題根本超出想像，完全必須靠我們的想像與反應，找出應對的方法。台下的觀眾絕對看不出來，舞台上的井井有條，是工作同仁與團員們多少個徹夜未眠與膽戰心驚換來的。

最多的問題與挑戰，應該是來自於樂器這方面。因為預算的關係，我們儘可能希望團體不要帶自己的樂器，可以使用樂團的樂器，或者由我們在台灣租借。第一屆打擊樂節共有五個國際團隊參加，由於希望打擊樂節的面向能夠更多元，每一個團隊都來自不同的國家，特色不同，演出風格也不同，因此使用的樂器也不盡相同；尤有甚者，同樣的一種樂器名稱，在不同團體的解讀之下，意義還有不同，代表的規格也有差異。

樂器提供學問多多

在籌備階段，團隊一經確定，接下來最重要的工作就是取得樂器清單，並設法將團隊要求的樂器籌備齊全，這是一項大工程，花了樂團團員們一陣功夫才完成。可是顯然的，當時大家都低估了其中的複雜性，等到團隊們在打擊樂節前幾天抵達，開始要進行排練時，真正的問題就一一浮現。

就以荷蘭阿姆斯特丹打擊樂團為例吧！這是個世界一流的樂團，對於演出品質的要求相當高，如果對於樂器的規格與品質有質疑，他們寧可放棄演出。然而，首先我們找來的電腦合成器，就已經和他們的認知有了差距——他們慣於使用的規格，已經是台灣和日本都停產的舊機型，我們提供的最新機器他們不知道要如何操作。當場，這些來自荷蘭的音樂家們，就毫不保留地顯露出不悅的神情，憤怒的情緒直接反應在臉上，讓我們年輕的團員們一時之間有些不知所措。最後，經過不停地向人打聽詢問，好不容易才由團員的同學處，輾轉借來一台稍微舊型的機器，終於勉強讓荷蘭團點頭。

而我們為法國史特拉斯堡打擊樂團準備的「鑼架」，則和他們的想法差距過大。這個問題源自於我們在認知上的不同，法國團所使用的鑼架和一般樂團不一樣，是雙層、可以架六個鑼的架子，而且連掛鑼的勾子都很特別，可是他們在樂器清單上並未作說明，又不能使用其他型式或規格的替代品。

當時離打擊樂節開幕只剩二天了，負責樂器的團員何鴻棋立即找到一位家中開設鐵工廠的朋友，依照法國團的要求依樣打造了一座鑼架，而特製的勾子一般樂器店還找不到，最後竟是在菜市場的肉攤上找到十分神似的肉勾子，可以拿來權充。法國團演出當天上午架子完成了，但還沒上漆，因此看來十分粗糙，於是團員們緊急將架子載運到國家劇院，在劇院的道具間自己動手油漆，並且趕在法國團上台前將架子送到音樂廳，讓法國團得以順利演出。

第一屆打擊樂節之後，我們學到了不少教訓，所有的樂器籌備工作都提前至半年前開始進行，同時也懂得要求國外團隊在樂器清單附上圖解說明，以免再度發生誤解。

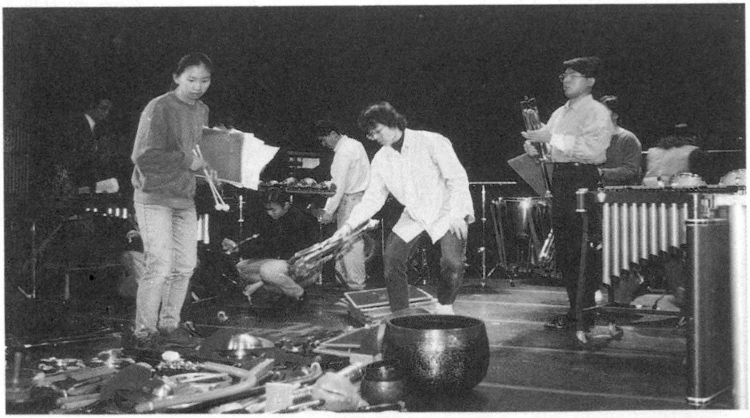

團員們全力以赴，籌備規劃打擊樂節各場演出所需的樂器。

我從不輕言放棄，團員們深深受到我的影響，因此凡事不到最後，不願意承認做不到或解決不了。也所幸他們的鍥而不捨，很多事情有了最圓滿的結果。第二屆打擊樂節時，匈牙利阿瑪丁達打擊樂團秘密地準備了一支特別的曲子，想要讓我們以及觀眾驚喜一下，因為其中用到一種迷你的手風琴，是我們從來沒見過的。為了要保持神秘，阿瑪丁達的團員們自始至終沒有告訴我們有這一樣樂器，他們也沒拿出來檢查，直到演出之前，打開樂器箱，才發現樂器在運送的途中損壞了。

失望的神情顯露在臉上，他們決定只好換一首曲子演出。可是我們的團員們可不願就這麼放棄，在阿瑪丁達打擊樂團演出時，他們不停的在後台研究、嘗試，最後竟然真的將樂器修好了，讓這群匈牙利的朋友可以如願將「驚喜」帶給觀眾，並享受到如雷的掌聲。

更高的目標，要自己設

此外，由於檔期的問題，第二屆台北國際打擊樂節的場地也由音響效果極佳的國家音樂廳，換至觀眾座位多但音響較差的國父紀念館。為了不讓觀眾覺得失望，我們決定進行大幅而徹底的音效改善計劃，雖然活動之後會一切復原，但是大概很少有團體做這種大手筆的「工程」，我們還是得讓國父紀念館的工作人員點頭同意。於是團員們事先花了很長的時間與管理人員熟悉，博得他們的信任，並與音響公司人員研究可行的改進方案。最後的結果，果真讓人十分滿意，每一場演出都吸引超過二千名的觀眾，沒有人對於這樣的音響有一絲抱怨。（美國團的團員私下告訴我們，在打擊樂節一場演出的觀眾數量，超過他們在美國演出一年的觀眾數量，這又是一項令人歡欣的事實。）

因為不畏懼困難，團員們在每一次的打擊樂節中積極學習，不僅僅是在音樂的涵養與視野上，更在處理大場面的心態與沉著穩重方面，有著長足的進步。第二屆打擊樂節舉行時，樂器的處理大約已經不成問題了，可是參與團隊已經「暴漲」到八個國家十三個團隊，五天之內有十場演出，所有演出場次的樂器種類都不同，擺置也有差異，團員們必須要在最短的時間內，順利調度上台下台的數十種大小不一的樂器，既要迅速，又不能讓人感覺慌亂。

到了第三屆，我們更在台北的打擊樂節之外，安排了法國與匈牙利團全台巡迴演出，樂團與基金會的工作人員在這一星期裡分散各地，不可能彼此支援，也因此每一個人都培養出單打獨鬥的勇氣與能力。其中樂器調度是最大的困難所在，因為在同一個時間內，我們要準備三套樂器，分別因應在新舞台的演出，以及全台的巡迴演出。對於他們調度與規劃的能力，現在的我可以十分自傲地說，國內外應該無人能及。

一次次設下更高更艱難的目標，可以促使自己成長得更快。經過三次國際打擊樂節的洗禮，樂團累積了越來越多的實力，我們的樂器數量與種類大幅成長，加上國外團隊演出國人作品是打擊樂節的重要傳統，因此我們一直以來都在進行國人創作的委託工作，三屆下來也為自己累積了相當的好曲子，並讓樂團的學術地位大幅提升。這些都是樂團最重要的資源，我相信也會是台北國際打擊樂節，甚至是台灣這一個地小人稠的島國最被全球打擊樂界記憶的原因之一。

不要為自己設限，就沒有什麼事是不可能的。這是我一再提醒自己以及所有團員與行政人員的話。第一屆打擊樂節，我們還為了能夠邀請到知名團隊而倍嚐艱辛，到了第三屆，一看到受邀團隊開出來的曲目，就可以嗅到濃濃的「拼台」味道，可以體會出大家對於這個藝術節的重視與期待。我想，這就是明證。

5 成長的痛苦代價

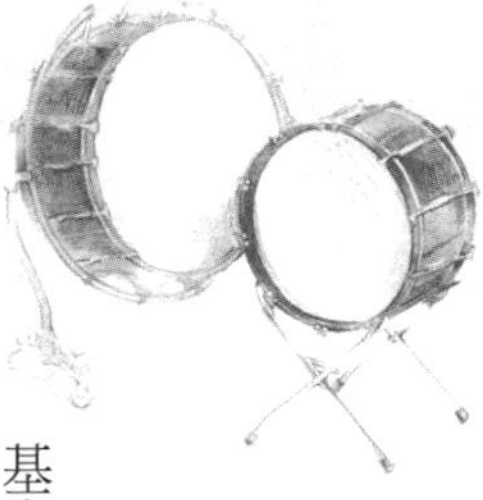

從一九九三年到一九九九年的台北國際打擊樂節，每一屆活動都辦得轟轟烈烈，不僅僅票房成績佳，也為基金會與樂團博得了相當佳的聲譽。由於每一次打擊樂節的累積，所有團員以及基金會對於這樣的大場面國際活動，變得越來越有經驗，越來越駕輕就熟。很多人對我們的能力都極為讚賞，可是外界不會知道，每一屆的打擊樂節之後，樂團都要經歷一次「人」的變革，這樣的動盪，我稱之為「成長的痛苦代價」。

辦理打擊樂節的辛苦很難真切形容，因為牽扯到的不僅僅是體力上的過度消耗，還有心理上的壓力。第一屆打擊樂節對於所有的人來說都是第一次，第一次同時邀請這麼多國外團隊來台演出，第一次連續七天都有演出或講座；以往只需要關心自己演出的樂團，現在還要照顧其他團體的演出細節，要張羅所有的樂器，還要找時間練習曲目，密集排練。我還記得當時工作到半夜、隔天一早又要起床奔波，這樣的情形是家常便飯。

第一屆打擊樂節花了半年的時間作事前的準備，可是當活動進入最後的衝刺階段，我們還是經常覺得自己準備不足，深恐哪一個團隊又會突然冒出令人措手不及的問題。在籌備進入最後一個星期時，所有的人都處於極度緊繃的情緒之中，而就在這樣的情況下，一種不安全感開始蔓延開來，一些原本可以輕易解決的爭端，因為過度的壓抑，開始在團員與行政人員的心裡累積。

驟變與蛻變

等到打擊樂節一結束，團員的心理突然獲得了鬆懈，所有的問題就開始浮現。先是團員彼此開始有心結，也有的人產生了抱怨，認為辦這樣的大型活動不應是樂團的目標，或者質疑樂團是否因為這樣的活動而真的受益。另一方面樂團國內的演出活動並沒有停止，打擊樂節結束之後，樂團還有許多演出要進行，於是各種情緒化的極端反應，一時之間充斥在樂團之間。

樂團裡的團員都是我的學生，而且我還參與了大部分團員的成長過程，我對待團員就如同自己的子女，因此無法全然只以理性的方式處理紛爭，總是不免要牽扯到許多情感的層面。當時的團員們其實都還年輕，對我的難處與心態，不見得可以理解，我雖然極力想要以耐心作為回應，但還是有許多團員對我不諒解，而做了離開樂團的決定。加上原本就早已決定出國進修的團員，當時樂團只剩二、三位團員還留下來。

我沒有其他的選擇，只能硬撐著，一方面與一些離開樂團的老團員協議以「兼職」團員的方式，維持著樂團的演出品質，另一方面則讓樂團培養中的見習團員，也開始加入演出，累積舞台經驗。有一陣子我心力交瘁，身體健康大受影響，這是樂團成立十年以來，最嚴重的一次問題，如果我當時有一點點放棄的念頭，也許樂團就沒有今日。

所幸社會大眾對樂團的支持，一直沒有改變，部分團員的離去並未影響樂迷對樂團的喜愛，而且一年之後，部份出國進修的團員學成返國，重新為樂團灌注了新的生命力，沒有多久，我們就擺脫了陰霾，再次站穩腳步。

不過，就因為有了這一次的挫折，樂團加快了制度化的腳步，我開始構思設計一個能兼顧情理的人事制度，讓樂團可以依循，同時也讓團員的經濟無虞，生活更多一層保障，拉長眼光，如此才真正是樂團「永續經營」的基礎。這是樂團的一次成長契機，也許代價是痛苦的，但是反倒讓我有更加堅持的毅力，也更進一步地確立了樂團的長遠發展方向。

當學生也變成老師

一九九六年我們再度籌辦國際打擊樂節，雖然這一次的準備時間遠遠超過第一屆，幾乎有一年之久，然而活動所帶來的身心疲憊，又為樂團帶來一次低潮，甚至於，第一屆打擊樂節的餘波還蕩漾著，一位已經離開樂團出國進修的團員，或者是因為在意我的反應吧，在不停的情緒反應、傳話之中，彼此之間又造成了相當大的誤解。雖然傷心，也再次地弄壞了自己的健康，不過我並沒有氣餒，似乎這是樂團成長的必經之路，而且每經過一次動盪，樂團似乎就變得更為強韌。

也許是年紀漸增，或者是終於可以淡然一些，我越來越懂得如何去處理這種亦父亦師關係之中的紛爭，也能夠很快地察覺出人云亦云的謠傳中，有多少是誤會，可以不用太過在意、太多解釋。很多時候，只要看得開，放手讓年輕的團員自己去嘗試錯誤，他們反而可以迅速理解我的用心。第三屆打擊樂節之後，人員的動盪已經不大，對樂團也造成不了太多影響，而對於想要自己闖一闖的團員，我都給予鼓勵。事實上，很多當初選擇離開的團員，都在一段時日之後，又要求回到樂團，或是與我以及樂團維持著更好的情誼。我只要以最大的包容去看待團員的一舉一動即可，一旦他們確定已經認真想清楚自己的目標，確定可解決自己的問題，我都願意給予第二次的機會。

經過三次打擊樂節的「洗禮」，現在的樂團正處於最顛峰的狀態，可以自豪地說，已經沒有什麼樂團解決不了的問題，或不能面對的困擾了。樂團在國際打擊樂壇的聲譽，因打擊樂節而大幅躍升，許多一流的團體會以參加「台北國際打擊樂節」為榮，而且參加過打擊樂節的團體，都與我們成為交情深厚的朋友。在我的觀察中，團員們個個態度穩重，處世成熟，每個人都有了自己的學生，真正當起他人的老師，因此多能體會我當年的用心，也知道苛責其實來自於在乎，而互信與互諒，是成長的基礎。

成長的痛苦，很多時候避免不了，只能靠耐心與毅力，去包容所有的疑問與困頓。而只要能夠堅持，對自己有足夠的信心，朝著目標繼續前進，痛苦之後，就一定會有更甜美而豐碩的收穫。

聽見台灣的心跳
馬林巴木琴天后—安倍圭子

第五章

藝類不該是異類

很多人問我會不會後悔辦了雜誌，並因此虧損了大筆金錢，答案永遠是「絕對不會」。這一個短暫而昂貴的過程，讓我學會了許多，也讓我重新的檢視自己，進而相信自己，以累積更多的能量繼續衝刺，下一次一定會成功。事實上，「藝類」雜誌還要「復出」！

1 一個醞釀超過十年的夢想

一九九八年二月，「蓺類」雜誌誕生，短短的五個月後，這本我花了十年構思、籌備了十個月的藝術雜誌，宣布停刊，轉型成為一大張報紙型態的樂迷、擊樂之友以及教學系統內的通訊月刊。然而僅僅四期雜誌，已經耗掉我所有可以投注的本錢——一棟房子，並且讓我在往後的數年持續負債。

很少人知道，早在創辦打擊樂教學系統之前，我就已經有了辦一本藝術生活雜誌的想法，只是一直沒有將這個想法付諸實踐，直到一九九六年樂團創辦十週年時，才真正開始認真思考將這個理想付諸實踐的可能性。至於為什麼要辦雜誌呢，這要從我對於藝術推廣的經驗與理想開始解釋。

「讓音樂住進你家」一直是我極力提倡的觀念，我認為音樂無所不在，而且充斥在一般人的生活之中。只是很多時候，當人們提起音樂，或其他型態的藝術時，心理上總是變得嚴肅，似乎認為「藝術」只適用於少數人的身上，或者只是小孩子才藝學習的一種項目而已。然而，無論從事休閒活動、看電視、聽音樂、讀書，甚至打電腦，其實音樂都是無所不在的，音樂的素材其實蹠拾可得，端看大家是否有心而已。我相信只要父母有心，有很多機會都能讓音樂成為生活中的一部份，例如利用周末假期，帶子女去欣賞一場藝文活動，不就是很好的家庭聚會嗎？

而且累積了樂團十年巡迴演出的經驗，我可以深深感覺得到，台灣的民眾對於藝術其實有著極高的期待與接受力，之所以難以放鬆心情聆賞或喜歡藝術，是因為沒有一個好的導引和暢通的管道讓藝術進入家庭，成為生活的一部份。我相信，只要有一個媒介，將藝術的美與價值，用淺顯的文字描述，並且能夠依照讀者的需要，設計循序漸進的欣賞內容，那麼將藝術融入生活就不是

「藝類雜誌」是朱宗慶多年來的夢想。

一件不可能的任務了。

辦雜誌的原始動機

我大約在一九九七年初開始與基金會的執行長劉叔康商議辦雜誌的事情，並開始物色可以為雜誌掌舵的人。當時，樂團已經累積了超過二萬名樂友名單，全台的打擊樂教室學生也有一萬多名，曾在系統上過課的學生總數約在五萬名左右，我認為他們應該足以成為雜誌的基本讀者，讓雜誌有保障發行量。最重要的是，隔年就要實行週休二日制，我可以預見，多出了一天休假的民眾，對於休閒活動將會增加投注，趁此時機推出這樣一本倡導藝術融入生活的雜誌，應能讓民眾多一種選擇。

在我理想中，這本雜誌的主要對象，還是以樂團的樂迷、教學系統學生，以及學生的父母為主，因此內容上會有相當的比例，是用來與打擊樂迷以及學生進行溝通與交流。此外，雜誌會扮演「藝術大廚」的角色，詳細搜羅全台的藝術活動，並依照不同程度的讀者，以專業的角度，設計不同的「藝術欣賞套餐」，如此一來，他們會有選擇欣賞的依據，不至於因為挑錯活動或節目，導致反而對藝術產生抗拒的感受。

對於原本已經是樂團樂迷的觀眾，以及教學系統的學生與家長而言，這本雜誌將會是他們一窺樂團脈動的好方法，而對於其他的讀者而言，則可以透過我們的「藝文推薦套餐」，踏入各種型態藝術的欣賞領域。根據我的想法，兒童教育與家庭藝術教育是雜誌的主軸方向，一本約二百頁的雜誌，至少有二十頁是專門寫給爸媽看的，而有二十頁是為了兒童寫給父母看的。

「深入淺出」是我對於雜誌內容的期許，我並不要一本「學術性」雜誌，因為那只對於少數人有意義，我想要做的是「生活的」藝術雜誌，希望雜誌是一種統合了樂團與藝術生活的產品，扮演的是「顧問」或「經紀人」的角色。

根據我的推廣經驗，在台灣辦藝術活動的成果與影響都是短暫的，只有具有生活實用價值的媒體，才是真正長期的耕耘。

我並沒有商業調查的經驗，在考慮創辦這本雜誌時，也沒有特別進行市場調查，因為累積十數年的音樂推廣經驗，我十分確定，這樣的一本雜誌一定有它的市場在，民眾的需求的確存在，他們都是我們十幾年來工作的對象，讀者不是問題，端看我們有沒有勇氣去做而已。所以當時我一點也不想去擔心市場的問題，雖然我知道市面上有很多「藝術型雜誌」，都只有極少的發行量，廣告收入並無法維持生存，但是我相信如果我們用這樣的定位與內容去說服讀者，「藝類」應該會成功。

追求無所求的感動

在我的計劃中，這本雜誌將會以「階段性」的方式擴大讀者範圍。首先，以樂團之友、教學系統的學生為主要讀者，內容也會先以服務這些與我們互動較為頻繁的對象為主。接下來，則開始將一般讀者納入，成為一本大眾化的藝術雜誌；運作較為成熟之後，我還想要將雜誌的一部份內容轉化得更具有「學術性」。台灣學術界的機會比較多，但是還少有人認真的耕耘這一塊「田地」。我是根據自己購買以及閱讀雜誌的經驗來做這樣的設計，沒有一本雜誌可以滿足所有人的需求，但是只要其中有一部份的內容能夠吸引某一類讀者，讀者就會有閱讀與擁有的慾望。而只要有人願意購買，甚或只要有人因為雜誌裡面的某一些內容而受惠，這本雜誌就有存在的意義。「利益」並不是這本雜誌的目標，那種「無所求的感動」才是我最奢望的。

不過我當初所構想的定位與內容，在後來與雜誌的工作人員討論時，並沒有完全被接受，編輯們希望能夠作一本以普遍大眾為對象的雜誌，維持一種更為專業的形象，而不要成為樂團或者是教學系統專用的溝通媒介。對於這一點，當時我並沒有堅持，一來因為我對於雜誌的工作人員抱持著最高度的尊重，不希望介入過深，影響或左右專業人員的想法。其次，當時的我有太多其他事務需要處理，且才剛剛接手國立藝術學院音樂系主任，希望將更多的心力放在整理校務之上，因此也沒有多餘的精力，再去深入雜誌的內容與定位堅持上。

在我所做的事情之中，「藝類」是我干涉最少的唯一一個例子，大概也是少數較為「失控」的嘗試吧！但是直到現在，我都還對於自己一開始的構思有著相當大的信心，我堅信只要能夠多花一點心思，再多一些堅持，這樣的一本雜誌絕對有生存的空間。所以目前「藝類」暫時改以一大張通訊新聞的形式存在，內容份量上雖然較少，但是更貼近我當初的設計與想法，有四分之一以上的版面，是用來與樂團樂迷、學生和家長溝通，其餘版面則仍然為讀者報導好的藝術展演，並詳細蒐集全台的藝文展演資訊作為讀者參考。

改型之後的「藝類」十分受到歡迎，每期發行一萬份，象徵性的以十元一份銷售，但是約有三分之一免費贈閱給家長或我們的好友。我想，換個角度去思考，這一段蟄伏的時期，或者可以是為我們策略性培養讀者的階段，等到讀者已經養成透過我們吸取藝術資訊的習慣，或者等樂團、基金會、教學系統運作更加穩定，且藝術學院的工作告一段落時，我要全心投入，「藝類」還要再度以雜誌的型態復出。

「藝類」是我的一個重要夢想，也許暫時受挫，但是我絕對不打算放棄。

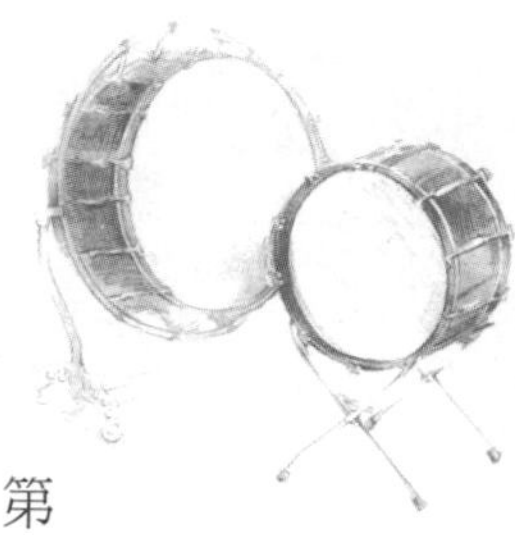

2 「蓺類」一生

「蓺類」由我與基金會執行長劉叔康開始討論可行性，接著尋找總編輯，到第一期雜誌出刊，一共花費了一年以上的時間；其中真正用於雜誌內容走向的確立，與創刊號的實際採訪編輯工作上，大約是十個月。

其實早在我們一開始考慮辦雜誌的時候，基金會的一位同事就寫過一份報告，仔細分析了辦雜誌的優劣與利弊，她將市面上的雜誌內容、發行量、發行管道、價格等等條件，一一與我們預期中的雜誌做了比較。最後她的建議是，不要辦雜誌，只要出版一份樂團的通訊刊物即可。

「蓺類雜誌」希望帶領大家進入藝術生活。

如果我當時因為這樣而「膽怯」，就不會有後來的損失，可是個性中那種屬於鄉下孩子的固執，讓我不肯在還沒有嘗試之前，就輕易地退縮。我想，都已經想了這麼多年，如果不真的做做看，怎麼知道究竟會成功還是失敗呢？說來也是巧合，當時基金會與樂團都處於「顛峰」狀態，工作人員各個條件都很優異，運作極為順利，我自忖有一點經費還可以用來實踐理想，即使知道這是件「愚公移山」的工作，還是決定放手一搏。我一直都相信，只要努力，沒有事情是不能克服的，辦雜誌亦然。

向一個單純的夢想出發

基金會裡大概絕大多數的同仁，對於辦雜誌這一件事，應該是不贊成者居多吧！不過那並不是因為他們不認同我的理想，而是他們都耳聞過「如果要害一個人，就教他去辦雜誌」這句「俗諺」，擔心基金會正要跳入一個無底洞。

為了說服他們，也為了避免未來可能會有進退不得的窘境出現，我在心裡設下底限，要以務實的眼光看待辦雜誌這一件事，一旦雜誌果真出現了影響基金會經營的可能，我要有及時喊停的決心與勇氣。

基金會的同仁並不是唯一對雜誌抱著質疑態度的人們，當我們在記者會上宣佈出版一本藝術雜誌時，媒體界的朋友也是勸退我的人居多。而我長期以來最重要的師長之一——雲門舞集創辦人林懷民老師，一開始也反對我去做這樣注定吃力不討好的事。只是在得知我的堅持與決心之後，他給了我們百分之百的支持，並且對於雜誌內容上多所建言，教導我們雜誌社的同仁們如何在理想與現實之間，找到一個平衡點，如何在不累垮自己的情況下，辦出一本質量兼具的好雜誌。只有理想主義者，才能真正的了解理想主義者吧！林懷民老師一直以來都是理想的鬥士，他的意見對雜誌有著實質上的助益。

下了決心要勇往直前之後，接下來的工作就是找一位可以擔大任，又懂得我的想法的人來擔任總編輯。毫無疑問，當時擔任基金會宣傳部主任的劉家渝是最佳人選，她已經和我一起工作長達七年，對於我的想法瞭如指掌，我可以不用大費周章解釋，她就能推敲出我的想法，而她本身對於文字的掌握，以及藝術方面的專業，都在水準以上，雖然沒有實際的編輯經驗，但我有信心她可以很快就上手。後來也是她想出「蓺類」這個既響亮又活潑的名稱，證實我看人的眼光經常都是對的。

有了響亮的名字，有了適切的領導人選，在我的想法裡，就算是好的開始，雜誌應該一切迅速就緒了。接下來的十個月裡，兼任雜誌發行人與社長的基金會執行長劉叔康與雜誌總編輯劉家渝，開始為雜誌社的各個部門積極徵才，其中編輯部最快完成人事部署，這是我們最熟悉的領域，且應徵者眾多，很容易就找到氣味相投的夥伴。然而維繫雜誌命脈的業務部、行銷部以及發行部，卻一直遲遲未能找到合宜的人，因為這是一本沒有財團撐腰的新藝術雜誌，條件好的人選不見得願意為這種理想崇高的雜誌降低自己的要求。

於是，一邊密集地開著編輯會議，一邊持續進行著「尋人」的工作，雜誌就這樣一步步成型。現在這麼說是遲了些——其實我在籌辦期間，已經可以感覺到問題的存在了，這種不安的感覺一直浮現，可是我無法清楚地向其他工作人員解釋，而且所有的過程我都鮮少參與或做決定，也許是其他事務太讓人分心了，加上對於雜誌的工作人員有著充分的信心，對於很多事情我都不太堅持，容忍度變得非常高，明明知道雜誌的內容規劃不對，我還是放手讓雜誌同仁去做。

播種後收割經驗

在沒有廣告與業務的支援之下，雜誌的試刊版出刊了，委託外製的美術編輯並沒有設計出雜誌要建立的風格，但是文章內容紮實，報導深入，外界反應十分良好。我們想，或者可以先考慮發行量，再用發行量吸引廣告主。這與我當初的設想相同，原本就是計劃運用當初建立「樂團之友」體系的方法，以直銷的方式去推，這個時候我能夠做的就是利用自己的人脈關係，設法拉高雜誌的發行量。當時我幾乎是隨身帶著雜誌的訂購單，掌握每一個機會向人「推銷」這一本雜誌，如果當初允諾訂閱雜誌的人，都能夠確實地掌握說服，我預估至少會再帶進五千份的訂戶，這樣的成績應算差強人意，足以吸引一些廣告主的。

另外，我們也設法使用各種行銷手法，增加雜誌的知名度並吸引訂戶。像是與其他的單位聯手，贈送「禮品」給訂戶，短短的幾期雜誌，送過海報、音樂CD、海報、風箏等等獨樹一格的藝術紀念品給「藝類」的讀者。此外，雜誌還辦過一次藝文之旅，帶著讀者組團到埔里，以深入引導的方式，將當地的風土民情文化景致介紹開來，很多參加過這次活動的讀者，都迫不及待想參加我們的第二次藝文之旅。我們的積極與活潑，在藝文雜誌中大概是絕無僅有的。唯一我絕對不願意採行的行銷手法，就是當時極為盛行的「99元特價」這樣的價格遊戲，我希望人們認同這一本雜誌的價值，就以它應該有的價格去購買。

然而頹勢就是挽不回，訂戶數量不能算太差，可是遠不及當初的預計，第四期雜誌還在籌備的階段，我就知道必須要暫時喊停了；「藪類」最大的本錢並不是「金錢」，而所有「金錢」在此時已經耗盡。於是，我向雜誌社的工作同仁解釋原委，在雜誌第四期出刊後，為「藪類雜誌」劃下句點，第五期開始，「藪類」正式轉型為報紙型態的通訊刊物，並將雜誌重新定位，以樂團樂迷及教學系統內學生與家長為主要對象。

雖然「藪類」雜誌僅僅出版了四期，可是卻收到太多朋友毫不吝惜的支持。其中，同樣經營著藝文雜誌，和「藪類」應是競爭者的楊忠衡先生，從來沒有遲疑過給予雜誌實際業務上的指點，他的開誠佈公永遠教我們感動。這裡還要特別提及，在「藪類」正式出刊前，我們就收到了相當多二年的長期訂戶，大家都知道，這些人絕大多數是以訂閱雜誌的方式來表達支持，因為他們連雜誌確實長什麼樣子都還不知道，就已經願意給予長期承諾，對於這些支持者，我們永遠感謝。

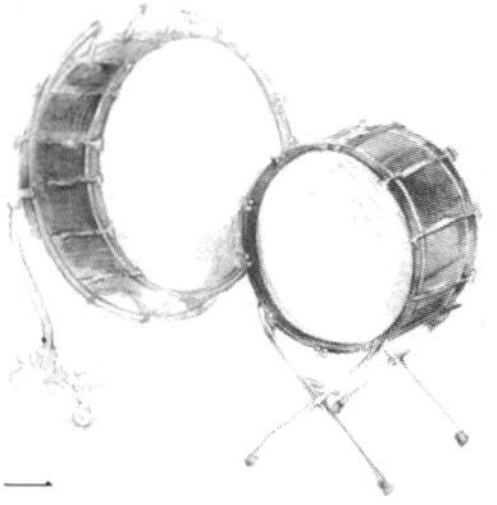

3 與理想共舞的同事們

我是個理想主義者，很多我做過的事或者是目前正在做的事，都是理想或者夢想的實踐。雜誌也是其中之一，雖然成果不盡人意，但是它絕對是一個理想實踐的典型，從雜誌同仁的身上，也看得出來這種特質。

目前社會上，標榜藝術文化的媒體為數不多，而且似乎都還是針對社會上的小眾，銷售量與廣告量都不是很大，生存往往得靠財團支援，可是對於藝文環境抱持著高度信心的人，仍舊不少，他們蟄伏著，是在等待一個可以讓理想實踐的舞台。還記得當初，雜誌的徵人廣告一上報，就吸引了相當多的人前來應徵，尤其是編輯部，這些人對於薪水，都不太計較，願意到雜誌社工作，是因為他們能夠感受到我們試圖在市場導向的洪流中，獨創一格，開闢一片清新天地的勇氣。

熱情的編輯群

如我之前所說，雜誌的定位與內容，後來因為雜誌同仁們的堅持，而與我最初始的計劃有了些許出入，他們希望能夠創造出一本獨立於任何團體之外，公平無私，而且極為深入詳盡的藝文雜誌。我雖然不見得全然贊成這樣的想法，但是絕對可以了解這樣的理念。我想，或者是因為年歲更長，經歷的事物更多，我的理想主義和雜誌社的同仁們相較，終究不免考量的角度多一點，會比較傾向選擇較能掌握的讀者著手，階段性地達成目標，因此很多事情如果由我來做決定，或者就不會相同。

辦雜誌是理想與夢想的實踐。

在年輕同事們的理想引導之下，「蓺類」就有了後來的面貌——每一期，「蓺類」會選擇一個專題進行深入報導，這個專題可能是一個社區，或者是一群人、一個活動，他們會由不同的面向，深入這些人事物的歷史背景、環境生態發展過程之中，而不是僅僅浮面地介紹活動的呈現。也因之讀者會更清楚其中的發展脈絡，能夠了解每一個地區的人文及其背後所代表的意義，感觸相信會更深。

這是一種相當累人的編輯模式，因為要深入，所以事前的準備與資料收集功夫要十分的詳實，而且一定得實際而長時間走訪活動現場，密集地觀察、採訪，編輯部同仁不分男女，無論星期假日，都必須全台跑。當然，這樣嚴謹的製作方式需要的本錢就更多，由於經常出差外宿，為了省一些錢，他們會設法借宿在親朋好友家，會捨棄汽車，而是背者大包小包的行李、器材，騎著租來的機車到處跑。每天工作到晚上十點之後，已經成為一種常態。

有經驗的前輩就曾經建議，以多一點的「專欄」取代「專輯」，因為照他們這樣的做法，雖然實踐了理想，但是最終會累死自己。但是我卻很少聽到他們的抱怨，似乎他們完全以此為傲，總編輯劉家渝就告訴我，他們在這段期間內，跑遍了全台灣，接觸到許許多多的人，也許體力支出甚鉅，但是真正可以感覺到自己的成長，真正的留下了一些紀錄。

就例如第一期的「藝類」，介紹的是南投埔里的人文景致與文化風情，而且後來雜誌還組了一個文化旅行團，帶著讀者親身造訪埔里，驗證雜誌中的文字描述，獲得了參與者極佳的反應。九二一地震之後，當地的許多文物風情都毀之於一旦，這時再回過頭去看那一期的「藝類」，感觸總是特別深。

此外，他們也收集了極為詳實的全台藝文資訊，不分表演藝術或視覺藝術，提供讀者參考，這是當時市面上的藝文雜誌很少能夠做到的，也是十分耗力費時的工作。雖然是由朱宗慶打擊樂團出發，但「藝類」的同仁們不願意將自己侷限於音樂或表演藝術的領域，他們相信只要接觸，任何一種藝術型態都足以讓人的生活更為充實而美好。

一開始所有的同仁就都知道，這個雜誌的財力不是十分的雄厚，不像其他市面上的雜誌一樣，可以有廣告宣傳或大肆造勢的奢侈，因此他們想要以內容取勝。「藝類」在他們的規劃之中，將是一本提供逆向思考的人文雜誌，換句話說，是純粹理想的化身。我知道，直到現在他們都還認為，「藝類」是一個可以發揮理想的天堂，在「藝類」的那一段期間，他們雖然累，卻十分快樂。

力挽狂瀾靠一顆心

當時雖然鮮少真正涉入雜誌的編輯事務，但雜誌同仁的用心，我一直都可以感受得到。這是一群優秀的人才，也許年輕，而且沒有什麼辦雜誌的經驗，可是每一個人都願意去嘗試、去學習。記得劉家渝剛剛接任總編輯職務時，她對於編務其實沒有什麼概念，因此在籌備的階段，即使再忙，都還要撥時間去找人學習編輯流程，或者是四處向人請益雜誌的經營。這是年輕的勇氣吧！雖然沒有經驗作後援，總是衝勁十足。

雖然雜誌一直處於虧損狀態，可是雜誌社同仁還是不氣餒地想要以各種新點子，為雜誌儘可能的爭取一些生存的空間與時間。我想，以藝術類的雜誌來說，這大概是十分少見的，因為沒有經費，所以他們儘量用合作、協辦等等不需要額外經費的方式，試圖增加雜誌的知名度與訂閱量，還曾經大費周章編寫過一本結合了台北市所有藝文相關機構的特刊，在大量介紹消費、美食、流行文化的雜誌群裡，獨樹一格。直到我們決定將雜誌社關閉，負責行銷的同仁還不肯放棄，極力向我爭取了一個星期的時間，去發掘所有的業務可能性，雖然我們都知道不可能，但是她仍堅持要試過了，才心甘情願放棄。

也就是因為同仁們的用心與辛苦，即使短短的一年多內雜誌讓我賠上一棟房子，我從來沒有責怪任何人的意思。雜誌社解散後，有些人轉往其他機構繼續工作，有些人則轉到基金會的企宣部中任職，他們對於「藝類」仍有深深的情感，每每提起那個經濟貧瘠但精神富足的時期，語氣中還帶著驕傲。看到他們，會讓我想起年輕時期的自己，總是勇往直前，被挫折打得傷痕累累，卻仍能馬上站起，重新開始，不到最後關頭絕不輕言放棄。

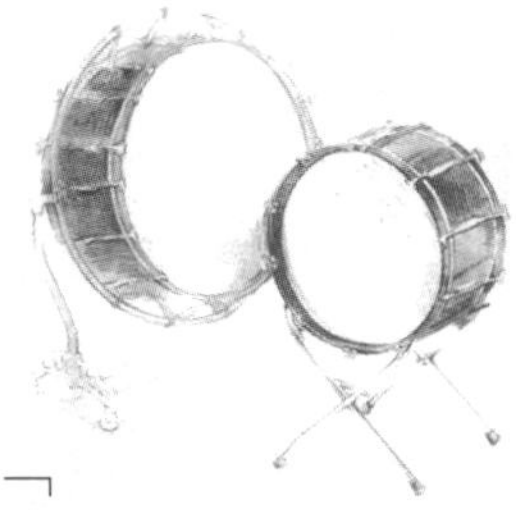

4 「藝類」不死只是蟄伏

很多人看著我今日的作為，或許會認為我是個幸運的人，因為「天時地利人和」，讓「朱宗慶打擊樂團」、「擊樂文教基金會」、「朱宗慶打擊樂教學系統」都成績斐然，讓人人只要提起「打擊樂」，就會想到「朱宗慶」。很多人不知道，這一路走來，從來都不是「水到渠成」般的順利，往往在每一件「成功」的背後，總潛藏著一個「挫折」。就如同我之前曾經提到的，每每在「安逸」之後，就會出現「挑戰」，而這個「挑戰」常常還是自找的，然而只要不被挫折擊敗，把時間拉長來看，就會發現所有困頓都不值得一提，空間變大了，傷害就變得微不足道。這是我一直以來堅信的「人生定律」。

辦雜誌便是一個很好的例子，當時樂團與基金會的運作狀況都特別好，基金會尤其看起來欣欣向榮，人事一直在擴編，招募到的工作人員品質也都相當優良，全都頂著碩士的學歷。而且當時的社會才剛剛開始施行隔週休二日，因為休閒的時間變長了，人們對於「藝術與文化」的心理需求也應該會增加。根據這種種內在與外在的優異條件，我一直堅信這樣的一本雜誌沒有理由不成功。

根據雜誌同仁們一開始的估計，雜誌的創辦經費約在新台幣九百萬元左右。由於我認為「金錢」只不過是實踐理想的一種工具，沒有必要過度看重，一旦有了累積，就應該設法用來圓夢。所以我初步估量之後，認為雜誌的開辦應該沒有問題，往後只要業務收入能夠維持雜誌的支出，雜誌就可以持續辦下去。

雖然我知道市面上的雜誌，很多是在財團的支援之下才能存活，而且也有很多雜誌無聲無息就從市面上消失，可是我不相信辦雜誌一定會失敗，我認為事在人為，只要願意努力，沒有事情是注定失敗的。更何況沒有真正動手去做，我怎能就這麼輕易地放棄這醞釀了十多年的夢想呢？總而言之，我一直都很樂觀。

然而當人員陸續找齊，辦公室準備妥當，真正開始著手籌備時，才發現當初的財務預估過低，有許多項目的支出都是原本估算的二倍以上。心中雖然有些著急，但是我不願意在一開始就讓自己的這層考量影響到工作人員的情緒，只是在心裡開始設下底限，為最壞的情況預作打算，不能讓雜誌影響到樂團或基金會的運作。

當理想面對致命傷

其實樂團與基金會成立多年以來，並不是沒有遭遇過財務上的困難，然我從來不讓員工們憂慮這件事，都是自己一手扛下責任去找資源，這是來自父母親的身教，幼時家中並不富裕，有一陣子甚至連三餐都有困難，但是我的父母從來不讓小孩擔心，四十多年來，我不曾見過他們有任何齟齬，遑論為了錢的事情爭吵了。所以一直以來，我也用這樣的態度面對自己的工作同仁，或許會讓他們知道我們並不是富裕的營利團體，但不會將經濟壓力加諸他們身上。員工們該憂慮的是他們的工作品質，而不是拿不拿得到薪水。

雜誌出刊後我們真正統計出來，僅僅是開辦費與第一期雜誌的成本，就花費了近一千五百萬元新台幣，比原先預計暴漲了一點六倍。由於沒有業務廣告的收入，往後的每一期雜誌，每個月還要賠進六十到七十萬元左右。依照這樣的速度，我預計可以投入雜誌上的成本，將會很快的耗盡，雜誌沒有廣告業務而能夠支撐的時間也要縮短至少二倍以上。成本錯估，因為同仁們大多年輕而沒有雜誌經營的經驗，這卻形成雜誌最重要的致命傷之一。

第三期雜誌出刊了，數個月來我極力的奔走推銷，送出數千封的訂閱單，承諾訂閱的人至少有五千以上。可是同仁們後續追蹤情況不如理想，我們的訂戶量雖然已經高過市面上其他的藝文雜誌，仍然入不敷出。雜誌內人員以編輯部最強，絕大多數的人力也都投注在雜誌內容的編輯之上，因此雜誌銷售部分不免受到了一些忽略。

雜誌社的同仁們個個充滿理想，衝勁十足，可也都是這一行的新手，摸索的時間不免就要拉長，同時有很多問題不能夠及時察覺。就例如委託外製的美術設計部分一直無法符合我們的要求，而且每一期的雜誌都出現延誤出刊的問題，也不能有效解決。他們知道我們並不富裕，然而他們也都認為，雜誌可以支持一年，等到第二、三年之後，應該就能開始回收。

我讚賞他們的樂觀與勇氣，可是我更清楚雜誌的財務狀況，第三期雜誌出刊後，我已經做了決定，必須喊暫停，並且開始籌備轉型。一九九八年七月三日，我將「藝類」總編輯劉家渝找到辦公室裡，告知她我已經撐不下去，將於隔天宣佈將「藝類」轉型為報紙型的通訊刊物。她十分驚訝，但是我想她應該可以諒解我的難處。第二天，我召開了一次正式會議，將我的決定告知所有的雜誌社同仁，如同預料，他們反應激烈，認為我們還可以支撐下去，好不容易有這樣一個可以發揮理想的地方，他們不想輕言放棄。

那是一個已經不容商議的時刻，因為除非發行能夠在一個月內增加六千個訂戶，雜誌是不可能以這樣的方式硬撐下去的，而大家都知道這是不可能發生的事情。累積十多年的經營管理經驗，我很清楚什麼時候應該邀請員工們共同參與決定，什麼時候應該態度堅定果決，我了解他們對於雜誌的期望，但是只有當我們是個可以維持一萬份訂戶的雜誌時，才有可能去「養」一個只有一千個讀者的媒體。

轉型等待風起

於是，就這樣底定了，雜誌月刊型態的「藝類」宣告停刊，原本的同仁們如果願意留下，將轉調基金會其他部門。而「藝類」將轉型，以一大張報紙四個全版的方式繼續存在，並且採取委外編輯的方式，內容上將至少有四分之一的篇幅作為樂團與樂迷，還有教學系統與學生和家長們的溝通管道，也就是重新將對象定位為樂迷以及學生、家長。「藝類」仍然會為讀者推薦好的展演活動，也為他們搜羅全台的藝文資訊，但是這一次，我花了更多心力去掌握內容，以及發行情況。我總認為這只是「藝類」的蟄伏期，等我們準備好，「藝類」雜誌還要再度出發，以更貼近我最初始計劃的面貌，和大眾見面。

「藝類」雜誌停刊的時期，也正是基金會最紊亂的時候，辦公室因為一、二位同仁的關係，氣氛變得尷尬而複雜，流言不斷。「藝類」人事解散的同時，基金會的人員也遭遇空前的變動，除了少數幾位中高階主管，幾乎所有的員工都離職了。這段期間內，我首度嘗試籌組第二個打擊樂團，以第三代年輕學生為班底，但是也因為基金會內人員對於樂團的屬性定位有相當大的落差，而功敗垂成，沒有籌組成功。

一九九八年是個空前的低潮，我可以感受到基金會長久以來總是強烈的那一股「氣」正在消散，如果放任不管，基金會可能會受到嚴重損傷。所幸位在大直的樂團，正巧處於最「旺盛」的狀態之下，但是因為租約已滿，必須搬家。我當下決定遷到一個足以容下樂團以及基金會的辦公室，讓樂團的人氣重新協助基金會站穩腳步。這也就是後來基金會與樂團一起搬到南港路的原因，而所有的不安與混亂，在這個不豪華、卻可以凝聚人心的辦公室中，逐漸消失。基金會因為雜誌部分人員的加入，而有了新的契機，一九九九年第三屆國際打擊樂節的空前成功，就是最好的明證。

很多人問我會不會後悔辦了雜誌，並因此虧損了大筆金錢，答案永遠是「絕對不會」。這一個短暫而昂貴的過程，讓我學會了許多，也讓我重新檢視自己，進而相信自己。事實上，「蓺類」雜誌還要「復出」，根據我多年以來的切身經驗，每一次的挫敗之後，我或者會蟄伏一段期間，但是這段期間將累積更多的能量繼續衝刺，下一次一定會成功。這是我面對外人所謂「失敗」時的心態。「蓺類」一定會再次「重生」，我很清楚，屆時，成功將是可以期待的。

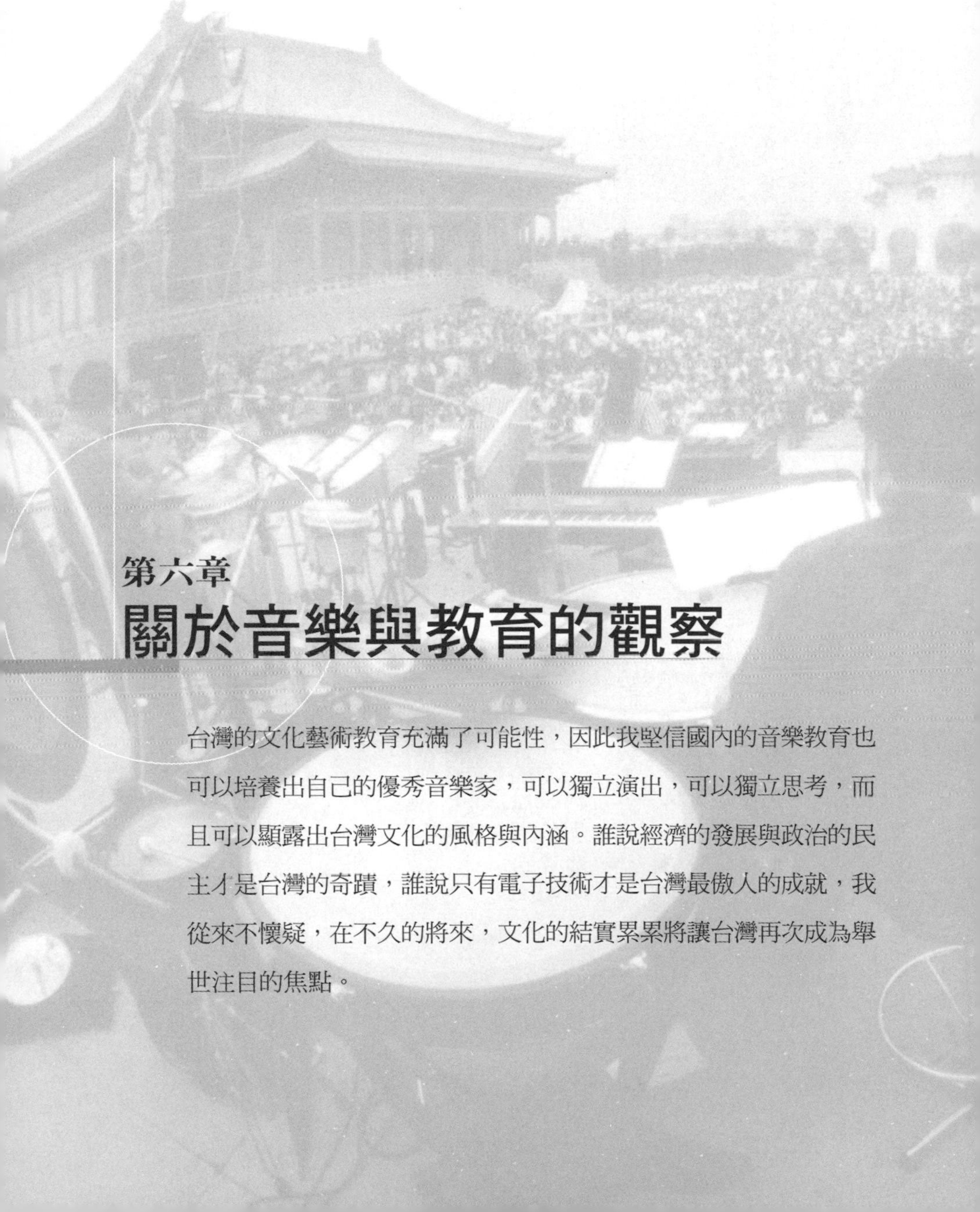

第六章

關於音樂與教育的觀察

台灣的文化藝術教育充滿了可能性，因此我堅信國內的音樂教育也可以培養出自己的優秀音樂家，可以獨立演出，可以獨立思考，而且可以顯露出台灣文化的風格與內涵。誰說經濟的發展與政治的民主才是台灣的奇蹟，誰說只有電子技術才是台灣最傲人的成就，我從來不懷疑，在不久的將來，文化的結實累累將讓台灣再次成為舉世注目的焦點。

1 由考試領導教育的音樂學習偏差

回國至今十八年，我從來沒有停止過教育工作，幸運的是，除了在國內藝術最高學府擔任培育專業音樂家的工作，我同時還從事著比較基礎性的教育工作，例如到各地舉行音樂活動，或籌辦體制外音樂教學系統，因此可以看到全面性的發展。在此，我便就自己將近二十年來，對於音樂以及教育的觀察，做一些心得與感想的說明，即使不能產生大規模的影響，但或者能引起些許的討論與深思。

獨特的教育現象

台灣的教育方式，尤其是音樂教育，一直以來都是以考試領導著教學。也就是說，教育變成一種「功利」的目的，為了將來能夠順利考上大學，凡是大學有設立主修的音樂科目，高中、國中才會教，接著小學才會設立該項音樂主修。換個角度想，這樣的現象也被當作一種音樂家可以「利用」的技巧，例如我剛剛回國的時候，「打擊樂」在國內還不是十分受到重視的一項音樂種類，大學音樂系內都沒有打擊樂組，遑論中小學。當時我花了相當大的心力，說服各個大學音樂系設立打擊樂組或主修，之後，中學及小學才比較沒有猶豫地開始設立打擊樂組。

考試領導教學應該算是台灣相當獨特的教育現象，當然，平心而論這樣的現象也有正面的意義，因為考試貫穿整個學習的發展，小學的音樂教育往往呼應著大學的音樂教育內容，對於音樂學習者而言，從小就專注在某個特定的領域之上，該項音樂的發展速度便會加快。

朱宗慶讓音樂基礎教育往下札根。

然而，要留意的卻是這種「以考試為目的」的現象可能造成的誤導，尤其是對於音樂基礎教學所造成的影響。首先，每一年報考音樂系的人數相當多，為了「說服」主考官，報考者往往會練一些「好聽」的曲子，以便取悅主考者。其次，因為考試時每一位應考者只有短短三、五分鐘的時間演奏，為了讓主考官印象深刻，應考者傾向學習「唬人」的曲子，反而荒廢了基礎的音樂學習。曾經聽人開玩笑說，考音樂系只要練三分半鐘的曲子就可以了，這雖是玩笑話，卻有幾分真實性。我想，這是台灣音樂教育者應該好好思考的問題。

主事者要有擔當

該如何防範這一類問題的產生？最重要的是主事者要有擔當。以我任教的「國立藝術學院」為例，因為是獨立招生，可自行擬定適當的考試規則，所以特別制定比較長的術科考試時間，每個人大約都有十分鐘，甚至是二十分鐘以上的時間表達。學校也允許主考官與應考者，就音樂的內容上進行短暫的討論，讓主考者能夠更加了解應考者的資質。有人或許會質疑其中的公平性，認為學生的音樂學派與師承可能會影響考試的成績，因此我們將考試的過程全程錄影或錄音，應考者若對考試過程有疑慮，據此可以有公平公正的申訴機會。

一般的聯招考試狀況，是由各個學校的音樂系教授共同主持考試，應考者則依成績的高低進行分發，主考者在未來並不見得會變成應考者的老師。而在藝術學院，主考者將來就是應考者的老師，因此考試時總是特別用心，連帶會考慮到應考者的未來發展，會依照學生的個別能力進行訴求，而不是光以單向的標準進行篩選。

事實證明，這幾年來，藝術學院一直能夠招收到一流的學生，證明學校與教授們的做法，確實是正確的，可以無懼外人的評判。可喜的是，近幾年來其他學校也在這方面進行了調整，紛紛延長了術科考試的時間，我相信，這將會有效的改善因「考試領導教學」而造成的學習偏差。

2 大學不該是出國先修班

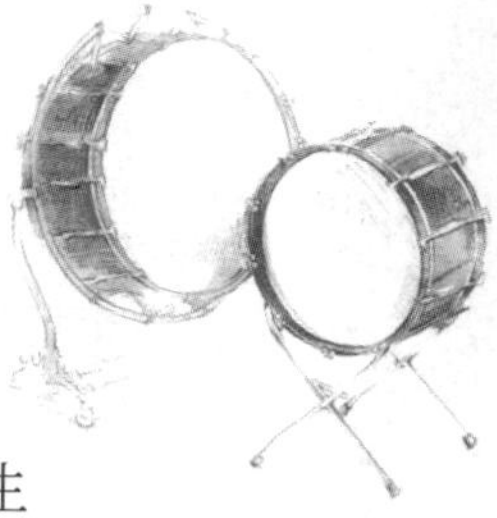

台灣的大學音樂系，一直似乎比較缺乏「自信」，這樣的態度也影響了學生，因此，很多台灣音樂系的學生，是把大學當成出國的先修班，尤有甚者，很多人從開始學音樂起，就以出國留學為最終目標，將小學、中學到大學這些學習的「黃金年代」，拿去做出國進修的準備。這是相當可惜的一件事，就音樂學習而言，其實是很難真正成功的。

藝文環境已臻成熟

事實上，台灣有許多學校的師資，都不遜於國外的教授，許多過去出國求學的人，都陸續回到國內學校任教，台灣的音樂教育界稱得上是人才濟濟。學校的設備也都符合世界級的標準，課程設計更是屢見新意，能夠完整突顯台灣的文化特質。我相信以台灣目前普遍大學音樂系的條件與品質，絕對可以自己培養出優秀的音樂家，學生實在不見得一定要放洋，為了出國而忽略了真正重要的學習時期。

由於經常邀請國外藝術家來台演出，我得以很驕傲的說，台灣的藝文環境已經成熟，我們接觸到的許多藝術家與表演團體都將台灣視為他們必須造訪、而且是喜歡進行演出的一個國家。不單單是打擊樂，這樣的情況也同樣出現在弦樂、作曲、聲樂、管樂、鍵盤、音樂學等等其他的音樂領域。

這應該要感謝政府這些年來的努力吧！尤其是文建會成立以後，一直十分積極地推廣藝術文化，雖然實際的作為並不十分具體，甚至可以用「橫衝直撞」一詞來形容，不過，這樣的橫衝直撞卻也真的撞出了一些「熱度」，這絕對是值得嘉許的。

身處台灣，放眼世界

同時全球的環境近年來面臨了巨大的變化，資訊的便利，讓所有的人在「一彈指」之間，就可以與世界相連。台灣和紐約、東京、巴黎、維也納等等國際性大都市同步，有著同樣廣闊的見識，沒有什麼資訊是取不到的。再者，現在學生出國也十分方便，因此有機會參加國內外各種音樂的夏令營、冬令營或者研習營，這些學習對於音樂的精進都有相當的幫助。換言之，即使身在台灣，仍然可以方便的接觸世界，不見得出國學習音樂，就能獲得更多。

台灣的文化是獨一無二、包容力極大的。看到雲門舞集代表著台灣，甚至於亞洲各國，在雪梨奧運會上跳著「九歌」這支舞碼時，我的感觸特別深。「九歌」所使用的音樂十分「亂」，包括了藏族、台灣民謠、中國傳統音樂等等，而這正可以反映出台灣的文化特質——中國的、台灣的、客家的、原住民的元素，都融合且潛藏在每個人的血液之中。而這種得天獨厚的文化資源，唯有在這塊土地上，才最能被完整的吸收與感受。

台灣的文化藝術教育充滿了可能性，因此我堅信國內的音樂教育也能培養出自己的優秀音樂家，可以獨立演出，可以獨立思考，而且可以顯露出台灣文化的風格與內涵。

誰說經濟的發展與政治的民主才是台灣的奇蹟，誰說只有電子技術才是台灣最傲人的成就，我從來不懷疑，在不久的將來，文化的結實累累將讓台灣再次成為舉世注目的焦點。

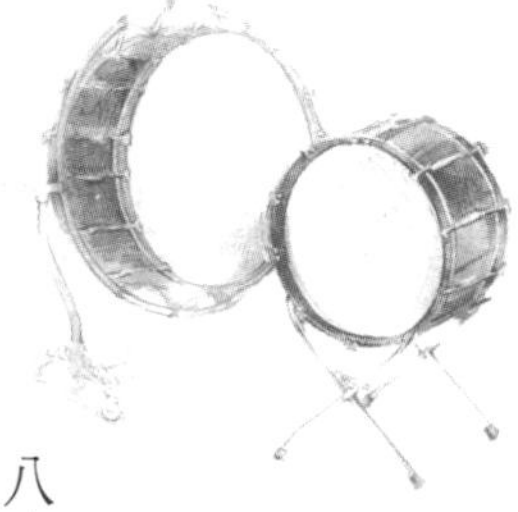

3 音樂系也該資源整合

根據統計，二〇〇一年台灣的大學之中，設有音樂系的共二十二所學校、二十六個音樂系，招生總人數為八六三人，其中還不包括七年一貫制的台南藝術學院，以及台南女子技術學院。可是，全台灣音樂班的高中畢業生，以二〇〇一年為例，倘若全數都能夠順利畢業，也不過六九〇人，即使全部錄取，也還有一百多個名額空缺。教育部實施「多元入學」之後，讓升學管道確實多了些彈性，但是對於音樂系這樣的專業科系並無太大的差別，因為專業音樂的學習畢竟需要長期累積，非音樂班學生考上音樂系，我預期一年不會超過五十人。

所以，我們不禁要問，大學院校音樂系是否招生人數過於膨脹？而且每一年有這麼多人由音樂系畢業，為什麼中小學的音樂老師人數還是普遍不足？可是卻又有那麼多的音樂系畢業生找不到工作？

檢討音樂教育制度

這個現象來自於目前音樂教育制度造成的偏頗。首先，雖然全台有二十二所學校設有音樂系，然而這二十六個系卻等同一個系，因為除了國立藝術學院的傳統音樂系、台南藝術學院中國音樂系，以及中國文化大學的中國音樂學系，其他學校的音樂系所大多缺乏自己的特色，教育學生的方式也沒有多大的差別。就例如培養演奏家的音樂系和著重教育的音樂教育學系，本應該要分開、課程設計上要有差別；加上目前推行大學自主，教育部對於學校的開課內容鮮少干涉，導致學校之間開設的課程，都大同小異。

再者，每個學校的音樂系招生人數有限，而每一種音樂類型又細分為許多項，例如管樂組就細分為豎笛、單簧管、雙簧管、小號等八、九項樂器，各項樂器每一年僅能招收到一、二名學生，在學生人數不足與不平均的情況下，學校根本無法針對各項的主修與組別科設專業課程，甚至就連開課也會有困難，學生因此只能「亂修」以湊滿畢業學分，難以對自己的專長樂器更為投入，或做更有系統的課程學習規劃。

整合資源，建立特色

音樂系應該做的，首先應該是統合運用現有的資源，逐步地讓目前的音樂系轉型，建立每一個系所不同的特色。在我的想法裡，音樂系所至少有六種特色建立的可能性，例如培養專業展演創作人才、依學校條件培養單項人才（例如分別以「創作」、「音樂學」、「管絃樂」、「聲樂」、「傳統音樂」為主）、培養專業教學師資、培養中小學以及幼教音樂課師資、培養幼教教學系統老師（例如河合、高大宜、奧福、鈴木、朱宗慶打擊樂教學系統等），或者是培養應用音樂人才。

另一方面，則是漸漸地將系所的資源集中在一所學校中，整合所有的師資、課程、設備、學生等等，以成為一所完整的、具有真正實質功能與意義的專業音樂學院。

從事音樂教育的人都應該知道，現在音樂系如果還只講求技巧的學習，難以培養出好的音樂家，因為技巧好的人實在太多了，如果沒有其他人文修為的學習課程，像是電影、建築、文學等等加以配合，也無法培養出真正的音樂家。

因此各個學校首先應該建立自己的特色，重點式發展。例如有些學校專攻演出，有的則加強作曲的部分，然後幾個學校聯合起來，大家就能資源互惠，學生需要上某些課程時，可以到特定的學校去修課。如此一來，音樂學習的資源就不會浪費，學校也不至於因為專擅某些樂器的人數不足，而出現連學校樂團演出曲目都開不出來的窘境。

當然這裡也牽扯到一個一直以來都受到熱烈討論的爭議——我以為音樂系應儘量固定招生名額，而不應就之前招生的狀況，而增加或刪減某一個音樂項目的招收人數。因為目前國內音樂教育是以考試領導教學，如果某一項樂器沒有招生名額，從而這一項樂器的優秀人才會越來越缺乏，造成一種惡性循環。以商業的觀點來看，學校為了音樂的全面發展，應該維持或者製造一定的「市場需要」，鼓勵學生學習可能「冷門」，但不可或缺的樂器。

這些音樂教育制度上的問題，至今還無法獲得解決，我想，教育相關單位應該要拿出更大的魄力與擔當，而學校之間要誠懇虛心相待，排除對於彼此的不放心，國內的音樂系學生才有更多的成功機會。

4 最現代的傳統音樂

學藝術的人，往往較為不涉入政治的思想角力遊戲之中，對於政治可能興趣也不太高，然而政治的影響，還是難免「滲入」校園，甚至於影響教學。例如傳統與現代音樂的學術爭論，常常一個不小心，就落入了政治「意識形態」的思想窠臼之中。

無窮盡的寶藏

台灣的文化根源來自於中國大陸，我想這是沒有任何一個人可以否認的，而且這和一個人統一或獨立的政治立場，沒有任何關係。我就認識幾位知名的音樂學者，他們對於傳統音樂有著極高的推崇，視之為台灣最重要的文化寶藏，然而卻不見得是「統一」的積極擁護者。

我對於中國傳統音樂一直有著相當強烈的喜好，這是來自許多前輩與同儕的影響，其中又以馬水龍老師的影響最大。我並將這樣的精神貫注在樂團、基金會，以及學校教育之上，六年前我更在基金會設立了國內第一個傳統打擊樂中心，希望以實際的行動為傳統音樂的豐富與美麗留下真切的紀錄。根據我多年來與國際音樂界的接觸經驗，可以相當肯定的說，傳統音樂絕對不會讓我們的音樂發展開倒車，事實上，選擇傳統音樂就是走一條屬於自己的路，不僅僅別人無法較量，我們的音樂還會因此而獲得更多的尊重。

傳統音樂不是我們的文化包袱，學習或推動傳統音樂教育，也不是因為什麼「政治正確」的使命而不得不使然。傳統

國內第一個傳統打擊樂中心開幕，特邀大陸三位打擊樂家來台。左起：李真貴、李民雄、安志順、朱宗慶。

音樂實在是我們無窮盡的寶藏，它的豐富與內涵是任何一位學習音樂的人都不應該輕忽的。但有一些從小接受西洋音樂教育的教師，以對西洋音樂的理解思維來衡量傳統音樂，而抱持著輕蔑的態度，甚至因此影響了學生，讓學生有著「混過就好」的心態，這是相當可惜且可議的事情。

在傳統中找尋資源

很幸運的，我從國立藝術學院音樂系籌設擊樂組開始，就一直深入參與，校方向來支持我對於傳統音樂的想法，也因此擊樂組大學部的學生至少要有八到十門傳統音樂的必修與選修課，其中京劇鑼鼓為必修課，另外我們也鼓勵學生學習南北管、歌仔戲等等。而碩士與博士班學生的研究主題之中，至少也要有一項是以「傳統音樂」的角度來進行。

傳統音樂是古代生活的精髓，而且時代一直在改變，目前的世界音樂潮流，就是在傳統中找尋資源；傳統不僅不是古板，還是最重要的「流行」。十多年來，傳統音樂帶給我的「好處」難以數計，我一直堅持，傳統音樂應該要更快速且更強化發展，只要我們能夠打破政治的俗氣思考，重新去體會傳統音樂，大家會很驚喜的發現，傳統音樂，其實是最「現代」的。

5 教授與博士的迷思

十八年前我由維也納返國之後，就在學校擔任講師，當時我的同伴們大多認為講師才是真正具有教學實力的一群人，教授則是「老化」的代表。抱持著這樣的「驕傲心態」，我們都對升等沒有太大的興趣。還記得當時的規定是，三年內只要有三場的演出，就可以辦理升等，而我每一年演出超過百場，卻從來沒有想要升等，就這樣，我足足當了十三年的講師。

更多的社會責任

後來，我的學生陸續學成歸國，只要取得博士學位，他們一回國就能擔任副教授，反而可以「審核」我的升等，這一點多多少少刺激著我早日辦理升等。然而最重要的因素，則是我對於「教授」們，有著太多的意見與想法，如果不是教授，就沒有立場或「身分」對一些教授的心態與作為發表看法。有一位友人就曾經說，他選擇升等是教授讓他不能服氣，是為了能夠真正站出來批評教授。我也一樣，因為對於「教授」這樣的身分與工作有些意見，所以選擇當一名教授。

在台灣，教授擁有無比崇高的社會地位，當然這不見得是個錯誤的觀念，但是有太多的教授卻辜負了社會大眾對他們的期待與尊敬，升等之後，就將這樣的身分當成一種生活的保障，享有各項的福利，開始養老，既沒有鬥志，也失去了接受挑戰的意願。台灣的教授每一星期只負責八堂課，這在全球都算是少見的輕鬆，我想這樣的規定原本是希望教授們多花一些時間在學生身上，以及展演、創作、研究、教學、社會服務等等工作，事實卻不然，老實說，有許多教授對於學生的用心，恐怕還不如鐘點費較低的講師。

享有崇高社會地位的教授們，應該要比現在更加倍再加倍的努力，不單單在教學與研究上要有優異的成就表現，而且還需要負擔更多的社會責任！

重能力而非資格

提及「博士」，則是另一項攻之不破的迷思。在我的經驗與想法裡，音樂學拿博士學位是合理的，除此之外，音樂演奏與創作拿博士學位則匪夷所思。這樣說可能會冒犯不少人，可是根據我的親身體會，除了少數人，大多數取得博士學位者，反而在技術、涵養，甚至心胸視野，都變得更差，因為他們幾乎是一畢業就受到社會毫不遲疑的肯定，以至於竟然沒有犯錯與反省的能力。

偏偏在台灣，擁有博士學位就表示擁有更多的機會，甚至現在絕大部分的學校都將「博士」當成聘用教師的條件之一，而且教育部再評比各大專院校時，也將教授的「博士」資格當成評分的要項之一。這一點我從來都不認同，我接觸過的許多博士們，都只知道講究條例、規矩等等制式的東西，音樂藝術、人文方面的修為與涵養卻十分薄弱，他們對於國內的音樂發展，不見得是正面的助力。

在擔任國立藝術學院音樂系主任期間，很多人也勸我將「博士資格」列為任用教師的條件之一，我則堅決反對。關於教師的聘用，我特別看中能力而非學位；而且就因為對於現在許多「博士」有意見，我更堅定要自己培養可以獨當一面的「博士」，不僅僅要兼顧學術與演奏，更要具有獨立思考的能力與見識。

藉此，我呼籲各個大學，要儘早改掉「只要博士」這個足以讓國內藝術水準下沉的腐舊觀念，同時也籲請教育部，不要將「博士」的數量當成評定學校優劣的條件之一。我要再次重申，並非所有的「博士」都不優秀，然而，關於「博士」的迷思，實在有必要釐清。

6 充斥著專家學者的台灣

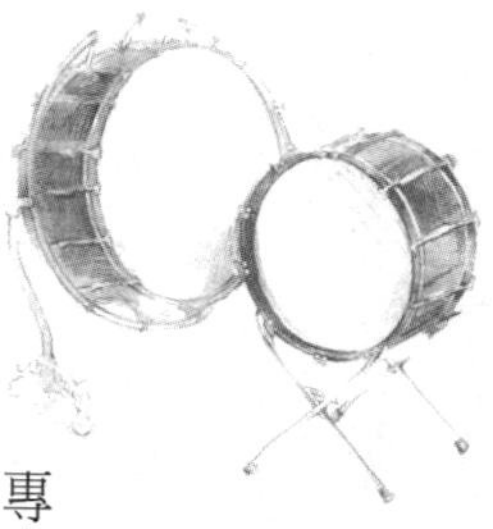

目前在台灣的教育與文化界有一種怪現象，也就是迷信「專家學者」評審制度；很多事情彷彿沒有了所謂專家學者的評鑑，就不足以取信於人，就註定會失敗。因此，學校的講師、副教授要升等，就要由副教授和教授來進行評斷，連學校設立新的系所，也會有教育部以及其邀請的專家學者來評斷。但是誰是專家學者呢?在政府單位的認定之中，教授與副教授是講師的專家學者，而教授則是副教授的專家學者，甲校是乙校的專家，乙校也可以是甲校的專家，這其中的認定與個人的能力與實力無關。於是，台灣充斥著這些「專家學者」，而為了公平起見，大家會輪流受到邀請擔任評審，去評鑑他們不見得真有深刻了解的事務。

審查系統出了問題

如果不懂但是認真，或者還有些可取之處，可是就我所觀察或接觸到的大部分情況是，雖然台灣的專家與學者們大多數極為優異，僅有少數人並不認真，但是這些不認真的專家學者既不了解也不用功。一旦受邀成為評審，申請者送上來接受評鑑的資料，往往沒有仔細閱讀，演出錄影資料也沒有看，他們評審過程中提出來的問題，都是在資料中早已詳細說明的內容，最後的評鑑內容就是將送來的計劃前言照抄了事，或者是提出一些文不對題的「評議」。

為了方便這些評審委員，送件的人只好將完整的計劃或研究內容，先濃縮成為「前言」，甚至再進一步濃縮成為「總結」，讓評審委員可以在很短的時間之內，對於案子有個初步的了解，並據此進行評斷。否則，就只好以直覺和派系作為依據，決定最後的結果。這樣的過程，毫無學術道德可言，只能證明這些專家學者其實缺乏應有的能力。

我在擔任音樂系系主任期間，曾經參與多次校內外申請系所調整及申請設立新系所的送審事宜，就遭遇過這樣的問題。國立藝術學院也曾為了申請設立新的系所，準備各式各樣的表格送到教育部，就是為了接受「專家」審查。也就是在這次的過程中，我發現教育部的年輕人們並不是刻板，他們很努力的作業，對學校的幫助相當大，然而整個系統出了問題，礙於制度，他們也僅能「尊重」專家學者，只能站在一個「中間人」的立場，提供協助而已。

就以國立藝術學院申請設立新系所一事為例，許多的客觀數字顯示，國立藝術學院有極佳的軟硬體設備，像是圖書館的藏書、琴房的數量、教授的資格與人數等等，都遠勝於其他學校，然而這些一流的條件所獲得的總是第三流的評等。種種不合理讓我不免要懷疑，倒底所謂的「學術良心」存不存在。

藝術學院要設立的系在當時都是國內首創，教育部與他們邀請來評鑑的專家們應該都沒有這方面的實際經驗，卻要來判斷我們的對錯。這種完全不尊重專業的情況讓我十分難以認同，而如果國內高等教育的「專家」都做不到應有的嚴謹，我們對於其他事情要有如何的期待？他們設下了不好的典範，影響的卻是所有人的觀念。

目前學校設立的系所數量相當大，招不招得到好學生，就是社會給予學校最好的評鑑，實在沒有必要讓所謂的專家學者來評斷或干涉，就彷若現在一般的學校內，教務處什麼都要管、系主任什麼都得管的狀況一樣沒有道理，應該讓真正懂的人去進行判斷，才是真正的專業啊！

「鬆綁」的政策

教育主管單位目前正在進行所謂的「鬆綁」，理想上是讓學校有更多的自治權，可以自行決定要開的系所，或是要聘用的人的資格與職位，這在國外是相當普遍的狀況。不過，目前的鬆綁作業只完成「自籌款」的部分，也就是學校要自行設法籌募資金，教育部不過問，至於其他真正應該需要鬆綁的地方，則似乎還是密不透風，仍讓人喘不過氣來。

可喜的是，教育部又將放寬大學院校增設、調整系所班組的條件，九一年度開始，將採取「總量發展審核」，除博士班、醫學、牙醫、中醫、藥學系、培養中小學師資教育系，以及公立大學擬請增員額經費之系所四類特殊項目，學校均能在可發展總量內自行決定增設、調整系所班組。

我對於「博士班」仍在審議之列還是有意見，然而對於這樣的「放寬」絕對抱持著肯定的態度。我想再次提醒的是，一所學校的好壞，最有權力評鑑的是學生與社會，而非「專家學者」，只有一流的學校可以吸引一流的學生報考，這是不爭的事實，實在不需要假「專家學者」之口，來判斷一所學校究竟是不是品質好、學術水準高。

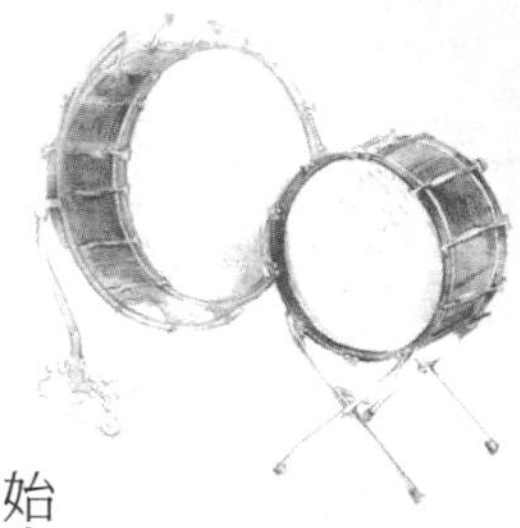

7 音樂系的自籌款

對於國外的大學而言，自籌款項似乎是個行之有年、且大家都認為理所當然的事，可是教育部在台灣開始實行學校自籌款項政策之後，卻讓大家叫苦連天，尤其對於像國立藝術學院這樣的藝術學校，更是苦不堪言。每當我們向教育部表達反應困難時，負責人員往往很客氣的作了許多解釋，卻也愛莫能助。

自籌款項，問題重重

藝術學校和一般大學不同。一般理、工、商科大學培養出來的學生，在畢業後進入社會，就開始累積自己的成就與名望，待有了相當的成績之後，他們會回饋自己的母校，或者捐錢給學校，或者與學校建教合作，成為學校的一種可貴的實際資源。在台灣就有不少這樣的例子。

但藝術學校培養的，都是準藝術家，他們的成就來自於展演活動的累積。然而在台灣，展演票房往往入不敷出，這些藝術家們都還必須要四處去「找錢」，或者與自己的朋友、同儕共同爭取總數不多的公共或私人資源。結果，藝術家常常是成就越大，負擔反而也隨之增加。在這種情形下，實在難以實質上回饋母校。

因為不易自籌款項，學校的經費因此縮減，在學校決策者「教學課程不能輕忽」的觀念之下，學校的展演費用不得已就受到刪減。然而「展演活動」對於學習藝術的學生們來說，就如同「實習課」對於醫學院學生一般的重要，相信沒有人會同意醫學院的學生在習得滿腔醫學理論之後，可以不用實習就立即執手術刀行醫；藝術學校的學生也需要更多的展演經驗，才能夠磨練出專業的水準。

培養音樂家不能輕忽

也有人曾經質疑藝術學院為何要開音樂系個別課，為什麼不進行大班制教學以節省資源。我的回答總是很斷然的「絕對不可以」。演奏音樂是一項專業的技術，講究的包括音色、音量、速度、表情、情感等等最細膩的部分，大班制教學無法讓老師專注於每一位學生的表達，對於音樂家的培養，就難以斷言不會有疏漏之處。只是主管單位並不贊成我們的想法，一概以「一班四員」（一個班級可有四位專職老師）的配額作為標準，和我們的理想差了三、五十倍之多。

在此我舉藝術學院蓋管風琴的例子，多少說明教育單位的長官們，對於藝術學校或科系運作的不甚了解。當時學校為了要在學校建一座管風琴，上了簽呈到教育部申請經費，負責的教育單位所聘用的「專家」竟然問我，為什麼不和國家音樂廳共用一座管風琴就好了，還要自己蓋。面對這樣的「詢問」我有些啼笑皆非，顯然專家不知道管風琴無法分割，更不用說兩廳院經常性的彩排與演出，如何能與學校「共用」。最後我很禮貌的回了封信，向專家解釋因為管風琴在音樂廳的使用率過高，所以無法外借，算是給「專家」一個下台階吧。

還有人建議，學校的設備不需要太好，可以節省一些經費。我同意學校的設施可以不要「奢華」，但是一定要「好」，例如空間與音響，一定要「正確」，因為這涉及了個人的音樂性與品味的養成，而這一點對於一位未來的音樂家而言，是不能有絲毫輕忽的。學校使用的樂器也是一樣，「好」與「不好」有一定的基本條件，不是隨便將就的，畢竟學生現在所使用的樂器，對於他們耳朵聽覺的影響既長且遠，因此不能在這個重要的學習階段有所妥協。

也有人建議學校多多辦理藝文展演活動，靠賣票來「賺取」收入。然而眾所週知，國內的藝文環境十分脆弱，沒有一個藝文機關或團體能夠仰賴展演的門票收入生存。再者，就以容納人數來看吧，學校最好的音樂廳座位不過五五〇人，根據「朱宗慶打擊樂團」多年來累積的經驗，任何一場演出場地座位至少需要一五〇〇個席次，演出才能夠收支平衡，學校這樣的小型演藝廳，絕對無法對於學校經費有所助益的。

藝術學校自籌款也許並非絕對不可行，但是現階段看起來，仍然是問題重重。而這種種問題也已經討論很多年了，在此，我不過是再聊一聊吧。

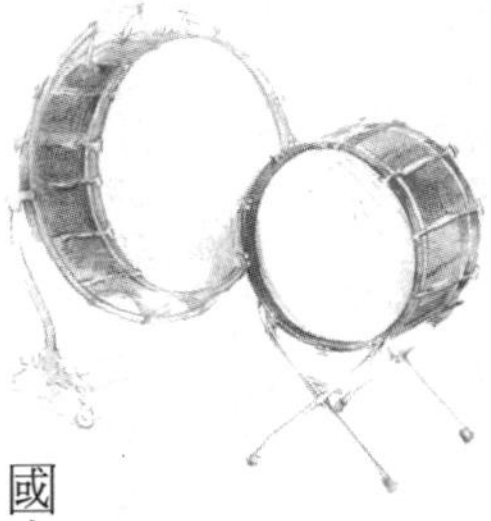

8 努力的人需要更多支持

台灣是個充滿機會的地方，可惜的是，我們的主事者雖然有心，卻缺少擔當，不敢負責任，總抱持著「為國家公平分配資源」的心態，只要是開口要求的大小藝術團體，都會分得一小杯吃不飽但也餓不死的羹。如此行事的結果是，有些真正有潛質的好團體，可能就因此養分不足，從而抑制了他們可能的發展；沒有必要補助的團體也獲得了「金援」，則是浪費國家的資源。

專業的評審

國內的表演團體往往是靠政府補助與企業贊助存活，可是根據我的經驗，這二者都不是長久可靠的，表演團體還是必須要靠實力，建立起自己的觀眾群，在觀眾的督導與監督之下發展，才是生存之道。並不是政府沒有作為，政府確實有些措施是要溢注表演團體，只是往往為了要維持所謂的「公平」，凡事都要靠專家學者來評審。

我並非要質疑評審的公平性，只是所有有經驗的人都因為要避嫌，不能擔任評審，而沒有實際經營團體經驗的學者，雖擁有崇高的學術地位，卻不見得真的能夠體會團體的實際困難。舉例來說，一、二百萬元在學者的眼中可能是筆大數目，可是就一個藝術團體而言，常常只夠支應一部份道具的製作成本，對於音樂團體很多時候都已經不太足夠了，更何況是戲劇或舞蹈這一類演出製作成本高昂的團體。學者們沒有這樣的實際經驗，就下不了手進行補助。

而且，現在的評審名單都會被公佈出來，只領了微薄車馬費的評審們常常要遭人斥罵，既無所得，也無所謂榮譽可言，充其量就是以「服務」社會的心態來評審吧！所以評審們並不是不公平，而是無法公平。

為什麼不能將評審訂為二至三年一聘，以專職方式聘用，給予應得的尊重，以及合理的報酬，讓他們能夠更專心，更投注於團體的審核，因而能夠做到合理與公平呢？我必須說，國家文化藝術基金會在這方面確實已有長足的進步，也是目前國內藝術團體補助事宜作得最好的機構了，但是我認為應該還要更進一步，真正做到「專業的評審」制，讓評審們能夠對於自己的評斷結果具體的負起責任。

這其中還有評審的主客觀問題，其實我相信再主觀的評審，也可以有客觀的部分，因為每一個人的專長不同，在不涉及專業的評鑑時，就很容易出現比較主觀的想法，例如有人可能不喜歡打擊樂，這不也就是一種主觀的想法嗎？但若接受評審的團體有機會向評審們解釋，應該要如何主觀的判斷打擊樂這項音樂，也算是能達到某種程度的「客觀」。再者，團體的演出品質、財務狀況、專業人員與企劃能力、演出場次、演出地點，以及各界反應，都有助於評審作客觀判斷的。

非營利的藝術團體需要政府補助，舉世皆然，票房再好，也無法抵過製作的各項成本；而藝術又是生活中絕對不可缺少的元素，不能因為這是個「註定賠本」的行業，就不要藝術。當然藝術團體也應該學習自主，要能夠脫離對於政府的仰賴，只不過這是個循序漸進的過程，政府應從旁予以協助、指導，對於努力的團體，該給予更多的支持。

可惜的是，有些時候團體前進了十步，卻反倒讓政府給拉回九步。有些團體的票房好，企業贊助情況佳，是因為他們花了極大的心力才有這樣的成果，結果反而因為票房好，有企業的贊助，政府就減少了補助的數字，原本應該可以再進一步發展的團體，竟然反而只能原地踏步。努力於是成為一種反效果，認真的人挫敗更多、更嚴重。這種誤謬彷彿傳遞著一種訊息——「不要做反而更好」。結果經驗永遠無法累積，我們的藝術環境又如何才能獲得提昇？

扶植計劃，按部就班

我不敢企求台灣有朝一日，真正專業且受到肯定的團體，可以獲得像是在某些國家一般，政府補助達到百分之七十的水準，只盼沒有經營團隊經驗的政府，至少應該做到，讓有心做事、認真奮鬥的人，可以得到更多的支持與鼓勵。在此，我也要對現代的年輕音樂家提出一點意見，因為台灣的機會很多，基本的營生對於剛回國的音樂家們並不是難事，但是不要因而忘了充實，只知道批判努力做事的人。

同時我也要呼籲大大小小表演藝術團體，不要相互攻訐。事實上，大的團體並不是因人數多而「變大」，是因為有長期的經驗、充沛的學習，才會有所謂「大」的規模，如果一個新的團體真的有心經營，終究會成為一個大團，反之則很快會於這個領域消失。政府其實可以多多「利用」大的團體，輔助大的團體能夠帶領多一些小的團體，讓小的團體更快茁壯，就像是「母雞帶小雞」。大家應該共同致力的，應該是擴張這個「市場」，讓更多人成為藝文的消費者，這才該是眾人共同的目標。

一個表演藝術團體的生存，其財源通常來自於票房、政府，以及企業贊助。政府的補助也不僅限於特定單位，而有可能來自於政府的各級單位或者各個部門。只是，無論哪一種補助的方式與過程，其公平性總是遭到質疑，很多團體認為這些來自政府的補助是屬於公家的資源，因此應該大家均分，然而為什麼要均分以及如何均分則搞不清楚。這就好比近來報紙上報導的某些選舉現象，有些不分區代表在進行分組時，若干知名「政客」竟然被分在「學者」那一組，教人混淆。

關於藝文團隊的扶植計劃，我認為應該要按部就班進行，而且必須強調團隊的永續經營，應該是「有條件」的補助，而不是所有人都應該有份。二〇〇〇年底計劃剛剛公佈時，我心理充滿了希望與感動，認為文建會在觀念上有了相當的改善。可惜的是，最後計劃在執行後還是變了質，和過往一樣，其公平性又遭到了懷疑——雖然我相信評審絕對不會不公。

剛過完年不久，我在報上讀到一則前文建會副主委羅文嘉將投入立委選戰的消息，報導中說，羅文嘉認為演藝團隊發展計劃設計有了新制度，但是評審和團隊申請的心態，以及配套操作沒有辦法跟上，因此影響了整體的結果。那正是我現在心裡最強烈的感受。

二○○○年的奧運，雲門舞集獲得主辦單位邀請於澳洲演出，為國人爭得莫大的光榮。在回國後的媒體訪問中，林懷民老師說了這麼一句話：「年輕的時候快要餓死，成名之後卻快要累死。」真的，我心有戚戚焉。

第七章
是學生、團員，也是孩子

創團十五年來，我與團員們之間的關係，幾乎可以用「相依為命」這四個字來形容。透過他們，我看到了人的成長，體會到他們對於音樂的執著與熱愛，陪著他們經歷了人成長過程中遭遇的喜怒哀樂、人心善惡，以及「愛」的力量。這一段經歷對我而言，是辛苦，但又幸運的。

1 相依為命的孩子臉龐

一九八六年一月，朱宗慶打擊樂團創團，這對於我在國內發展打擊樂的過程當中，是一個非常重要的階段。原本打算回國五年後才要組織樂團，因此一開始進行打擊樂推廣與個人演出時，我的學生們大多只擔任實習的角色，主要協助音樂會中樂器的調度與擺置，最多就是在每場演出最後合奏一支曲子。但是他們的優異，卻讓樂團有了提早誕生的契機。

創團十五年來，我與團員們之間的關係，幾乎可以用「相依為命」這四個字來形容。透過他們，我看到了人的成長，體會到他們對於音樂的執著與熱愛，陪著他們經歷了成長過程中

有著相依為命情感的樂團團員。

遭遇的喜怒哀樂、人心善惡，以及「愛」的力量。這一段經歷對我而言，是辛苦，但又幸運的。以下，我僅以幾個團員及學生為例，讓所有的人知道，只要努力，都會有希望的。

洪千惠：平凡而又創造不平凡的大師姐

洪千惠是我在一九八二年回國之後的第一個學生，其他的團員都尊她為「大師姐」。當時還在藝專唸書的千惠，長得瘦瘦小小，相當的不起眼，主修並不是打擊樂，而是作曲，為了在作曲時有更多的素材，並對音樂有更多的了解，所以選擇打擊樂為副修，因此成為我的學生，並成為樂團的創團團員，與打擊樂結下了不解之緣。

藝專畢業之後，千惠獲得了獎學金前往巴黎留學，我給了她四年的時間，然而她這一去就是八年，拿到了二個作曲家文憑。後來我不得不發出最後通

洪千惠

碟，告訴她「再不回來樂團就不要你了」，她才終於又回到樂團的崗位上。八年的留學生活讓千惠變得更加見多識廣，因為專攻作曲，回到樂團的她雖已經不太進行演出工作，卻能更投注於音樂的創作之上，為樂團做了難以數計的好音樂。

十八歲開始加入樂團，也為樂團創作、編曲，朱宗慶打擊樂團的十四張唱片之中，就有十張是千惠的創作或編曲作品，這樣的成績可以說是相當驚人。還記得剛剛開始為樂團創作之時，她還相當年輕，我常常以老師的身分，給予她很多的意見，經常要求她配合樂團的需要進行修正，她一直都任勞任怨，配合度相當高。直至現在，她除了為樂團的長期發展進行樂曲創作，還偶爾要扮演救火員的角色，在最短的時間內，配合樂團推廣音樂的短期需要進行創作。

以老師的角色去看千惠，我必須讚賞她對於音樂的聰慧、用心，以及源源不絕的熱忱，而她的努力與才氣，近年來更受到了國際樂壇的肯定，許多世界一流的打擊樂團，如法國史特拉斯堡打擊樂團、美國紐約悸動打擊樂團、瑞典克羅馬塔打擊樂團，以及匈牙利阿瑪丁達打擊樂團等等，都在他們灌錄出版的音樂唱片之中，收錄了千惠的作品。這樣的成就，樂團與我都引以為傲。

其實，千惠的成長過程中，沒有所謂「偉大」的起伏，以「平凡」這二個字來形容她，會是十分貼切的。然而，平凡的她卻以最認真、投入的態度，為自己開創了一個很不平凡的音樂世界。

吳思珊：從撿場到副團長的美麗蛻變

現任樂團副團長的吳思珊，高二開始向我學習打擊樂，在我的印象中，當時的她胖胖的，臉上既沒有太多表情，也不太愛說話，和我的對話經常僅限於「好、不好、對、不對」這幾個字。高中畢業後，她的運氣還不錯，考上了藝術學院就讀，循規蹈矩地唸書，學業進步平穩，可是一點也不耀眼，我對她並不是十分注意。

吳思珊

有一天，樂團正在為唱片錄音，當時的一位團員鄭吉宏突然帶著思珊出現在錄音室，當著大家的面冒出一句：「吳思珊要參加樂團。」在現場眾人的面前，我實在不好意思拒絕，於是不甘不願很勉強地答應了。因為我是她的老師，很了解她的能力，知道當時的她並不具備上台演出的能力，於是就指派她為樂團的撿場，工作內容包括了搬樂器、整理樂譜、倒茶水、打雜等等。思珊不僅任勞任怨，而且將工作做得井井有條，巨細靡遺，儼然就是一位「專業的撿場」。

機會終於降臨。有一次樂團演出前，一位團員突然臨時告訴我要出國去。事出突然，我一時也找不到可以替代的演出人員，於是便叫思珊上場「瓜代」，沒想到，她的表現相當好，從此就「下不了台」，成為正式演出的一員，而當初臨時出國的那位團員，也就少了上台的機會。思珊長期以來的耐心與細心，終於有了回報。

從藝術學院畢業之後，思珊出國進修，專攻戲劇音樂。學成回國後，整個人脫胎換骨，變瘦也變漂亮，個性更加活潑。往後她積極參加樂團的活動，逐漸由團員變成樂團不可或缺的台柱之一，現在則更擔起重任，成為樂團的副團長。後來，思珊考進藝術學院擔任老師，由於以往她也是在困苦中成長，因此對於學生總是多了一份體諒，也真正用心關懷學生，現在已經成為學校裡最受歡迎的老師了。

回想當年她的膽怯與內向，再看著她現在的音樂造詣，以及整個人散發出來的亮眼光彩，我只能說，這確實是一場美麗的蛻變。

黃堃儼：聰明有餘的首席

目前的樂團首席黃堃儼，大概是我所教過的學生之中，最聰明的一位了。在初中以及高中，他都是相當受到矚目的明星學生，天份與能力在很早的時候就已經表露無疑，我想，考上競爭激烈的國立藝術學院對他而言，實在是輕而易舉的一件事。

不過就是因為太聰明，他唸書的時候並不是個用功的學生，常常沒有準備就來上課，在我的認定標準裡，他算得上是「壞學生」了。只是，因為指派的功課從來沒有難倒過他，我也全然拿他沒有辦法。

在堃儼即將升上大二的那一年，我被借調到兩廳院擔任顧問兼規劃組長。由於工作繁忙，實在難以照顧當時在學校和我學習打擊樂主修的五位學生，因此我暗忖，堃儼的英文能力不錯，可以將他轉到學校另一位外國老師的門下，我就只選了其他四位學生。未料當我告知他這件事，堃儼的反彈強烈完全出乎我的意料，不知為什麼，他堅決不肯向其他人學習。

雖然他的堅持事實上給我帶來不小麻煩，卻讓我深受感動，因此決定無論再累再辛苦都要教他，而且還是義務地教，學校並沒有另外支付我的鐘點費。也就因為這樣的一件事，反而讓我更進一步了解堃儼，才發現到他除了聰明與天份，還有著不少的超人能力。

黃堃儼

面對這樣的小天才，自然不能再照著一般的方法教，之後我不再指定作業給他，而是改以給他很多機會、很多壓力，以及不斷的鼓勵，讓他從機會中學習，並磨練演奏的技巧。事實證明這樣的想法是對的，筌儼不僅僅在打擊樂的演奏方面表現突出，就連鋼琴演奏以及作曲方面，都有著極佳的成績。在舞台上演出時，筌儼也總是很自然地吸引觀眾的眼光，成為樂團最受到歡迎的演出者之一。

藝術學院畢業後，筌儼遠赴美國南加州大學深造，並在短時間內就以優異的成績畢業。回國後除了在樂團擔任首席，他也開始擔任為人師的工作，教育下一代學生。比較讓我訝異的是，我一直以為聰明的人做不成好老師，因為他們不懂得學生的困難在哪裡，而且聰明的小孩什麼事情總是一學就能上手，通常耐心是不夠的。可是筌儼當了老師，卻真的表現出老師的風範，對於教育有著無比的熱忱。

我想，或許是這位聰明的首席，還有我沒發覺到的另一種超人天份吧。

陳永生：不靠家族遺傳的音樂家

和其他大部分團員不一樣的是，陳永生並非從小就開始學音樂，踏入打擊樂的領域，是因為在建中唸書時，在學校社團擔任打擊樂手，才開始真正的接觸打擊樂。大學聯考之後，永生考上中原大學土木工程系，可是他對於音樂從來沒有忘懷，想要重考國立藝術學院，為此，他才來向我學習打擊樂，我們的師生緣由此開始。

由於之前並沒有正式的音樂學習過程，興趣遠勝於能力，自然而然他也就沒有考上。可是這顯然挫折不了他，永生一方面在中原大學唸書，另外則繼續向我學習打擊樂，打算第二年再來一次。

有一天，永生的父親來找我，有點擔心地向我說，他們家中從來沒有出現過任何的音樂家，因此他不太確信自己家族中是否有人具備音樂細胞，永生如

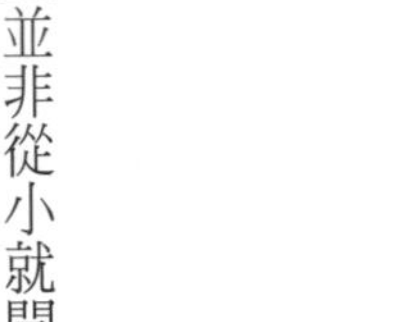

陳永生

此執意要重考音樂系，他實在沒有信心，「他真有這個可能性嗎？」謙虛的陳先生這麼問我。

我確實無法向他提出什麼保證，然而我心理清楚，只要是有心又願意努力的人，永遠都有成功的希望。於是我告訴永生的父親，家中沒有音樂家，不見得是沒有音樂細胞，也許只是那一個年代的人沒有機會學習音樂而已。和永生同樣善良的陳先生，於是全心相信我，讓永生隨著我繼續學習。而皇天不負苦心人，永生第二年就考上了藝術學院，日後，他還考上國立藝術學院的研究所，並選擇中國京劇鑼鼓為研究項目之一，成為年輕一輩的打擊樂家之中，既具有演出能力，又對理論有深入理解的少數人之一。

性格溫和的永生，是虔誠的基督教徒，對音樂執著，對人——特別是我，則賦予最高的信任，而面對自己的學生，就有著用不完的耐心與愛心。我也曾經將一所擊樂系統的教室交給他經營，他也做得有聲有色，只可惜因為演出教學事務過於忙碌，終於不得不放棄。上天賦予永生音樂上的才氣，永生則以音樂服侍上帝，為上帝傳福音，成為一名讓人讚佩的音樂工作者。

有的藝術家才氣縱橫，卻容易流於驕縱，自恃過高，反而讓前途發展困難重重。像永生這樣一位勤懇堅持、一步步走得踏實的人，反而證明了音樂家可以不靠「家族遺傳」，仍舊能夠闖出自己的一番成就。

何鴻棋：垃圾堆中撿回來的珍寶

樂團中極受到觀眾與小朋友歡迎的「阿棋叔叔」，他的音樂學習與成長過程，應該是最戲劇化的了。

國中三年級的時候，阿棋透過當時的國中音樂老師，也就是現任立委翁金珠女士來找我，要向我學習打擊樂。當時的阿棋其實是學校裡的小小問題學生，好動，又喜歡打架，總是讓教他的老師頭痛不已。很幸運的是，擔任阿棋音樂老師的翁金珠女士，是個非常關愛學生、又滿懷熱情的老師，不僅將阿棋收為乾兒子，也似乎是看得出他的天份，於是引薦他向我學習。

可是才學了三次，阿棋就說他要去考藝專了，我其實並不認為他的能力已經足夠，但是他極為堅持，就讓他去試試看。也許是上天特別眷顧，阿棋參與考試的那一年，是藝專第一次招考打擊樂學生，竟然忘了訂定成績的下限。換句話說，只要沒有一科是零分，就有可能考上。而那次考試我因為有事，不能擔任考試委員，也因此沒有人作進一步把關的工作，就在這樣種種的巧合之下，阿棋竟也以不理想的成績，進了藝專唸書，成為我母校的學生，也是藝專有史以來第一位打擊樂主修學生——當然也就是我的主修學生。

小時候愛玩愛打架的阿棋，父親是流行音樂工作者，有一陣子家中因為經濟情況不佳，阿棋還需要經常協助他的父親四處演出賺取生活費。我能夠體諒他的苦處，對於某些事情就不太計較，但是對於他的音樂技巧以及做人做事的觀念，我看得特別緊，要求從來不放鬆。就在這樣的過程之巾，我發現他是個難得的音樂奇才，個性活潑、身體靈活，而且反應特別快，十分適合演奏拉丁

何鴻棋

樂器。

阿棋雖然平時調皮搗蛋，可是他對我十分地畏懼，而且相當尊重，因此他依照我的建議，專攻拉丁打擊樂以及中國醒獅鑼鼓，結果成績斐然，證明我對他的天份並沒有看走眼。此外，我也敦促他多讀書，經常買書給他看，希望他除了音樂之外，也能夠多方面充實。

阿棋沒讓我失望，他漸漸成長，在各個方面都有長足的進步。接下來，我給了他第一項挑戰，要求他開始擔任樂團兒童音樂會的主持人。乍聽這個要求，阿棋十分吃驚，口才並不好的他對自己毫無自信，老實說，連我都覺得這是拿自己的名聲作「賭注」。幸好那個時候還年輕，體力充沛，讓我可以逐字逐句的盯著阿棋，慢慢地跟他磨。結果出乎大家預料的好，現在的「阿棋叔叔」是最活躍的音樂會主持人，是兒童心目中最親切的音樂叔叔。

第一項挑戰完成了，接下來我給了他更艱鉅的任務——擔任樂團的總幹事，這個職務相當於樂團的副團長。我是在樂團於高雄鳳山的一場演出之後告訴阿棋這個消息的，果真不出所料，他再度驚恐不已，不確定能夠擔下這個責任。我並沒有留退路給他，而他也將這個職務做得盡善盡美。

總幹事任期屆滿之後，我指派他擔任場務，這可是個影響著樂團「命脈」的工作，因為他必須要清楚掌握樂團的樂器調配、舞台上的樂器進出，以及與音響的效果，如果場務做得不好，樂團的演出成績就會大打折扣，台下的觀眾就不可能看到台上的井井有條。阿棋不僅毅然接下這次的挑戰，更以優異的表現證明他的能力。我可以自豪的說，樂團樂器排列的精準與迅速，全球沒有其他樂團能做得到，這個成績雖然來自於樂團每個人的努力，但是阿棋下的功夫，大家有目共睹。

我想，面對接踵而來的挑戰，何鴻棋已經習以為常了。以前不愛唸書的他，後來甚至考上國立藝術學院研究所，一點一滴的努力，拿下了一個碩士學位，根據觀察，我相信他未來對於打擊樂界將會多所貢獻。很多人不知道，總是扮演著開心果角色的阿棋，其實敏感又感性，雖然活潑好動，卻也是個情感充沛的性情中人。我常開玩笑說，他是「從垃圾堆撿回來的珍寶」，從他的身上，我總可以看到一個人無窮的可能性。

吳珮菁：好勝好強的擊樂明星

曾經擔任樂團首席長達十三年的珮菁，從國小畢業開始就跟著我學習打擊樂，她是一位相當特別的學生，聰明、努力，卻又極為好勝、好強。應該就是因為資質高，又願意付出比別人更多的努力，珮菁的學習進度一直都比其他人要快。小學時，她就已經是學校節奏樂隊中表現十分優異的一員了，升上初中後也馬上受到學校的器重，是一位廣受矚目的學生。

靠著難得一見的積極與用功，初中畢業後，珮菁以優異的成績通過甄試，進入台中曉明女中就讀，高中畢業後同樣通過競爭激烈的甄試，進入國立藝術學院就讀。後來她選擇出國進修，在美國北伊利諾大學，以破紀錄的九個月時

吳珮菁

間，拿到了碩士學位，後來又到西維吉尼亞大學，以一年的時間，修完博士課程後，肄業回到樂團，繼續她的演奏生涯，同時也進行各項要取得博士學位的應考準備。

學習之路相當順遂而耀眼的珮菁，若以事實分析，其實並不擁有任何學音樂的「條件」。首先，她的家庭經濟環境不理想，生活原本已經相當辛苦，還要購買樂器供珮菁使用，捉襟見肘的情況可想而知。當時珮菁的媽媽在菜市場賣餛飩，清早就要到市場擺攤位，於是她每天早上陪著媽媽到市場，一邊唸書一邊包餛飩，日子過得苦，卻意外地練就了手指的靈活，對於她日後打擊樂技巧上的精進，有相當大的助益。

其次，珮菁的手特別小，這對於學習打擊樂，甚或是鋼琴等等其他樂器，都是個相當不利的阻礙。珮菁以努力與認真，完全克服了先天上的劣勢，不僅僅二支棒子絲毫不成問題，她還一路挑戰更高的技巧，從四支棒子，甚至到六支棒子，都駕輕就熟，引起國內外打擊樂壇相當的注目。

個性上的積極，不免也為珮菁自己帶來一些人際上的挫折。二〇〇〇年七月，珮菁決定離開樂團，自組一個小型打擊樂團。這一年來，她成長了許多，不僅僅是對於組織一個樂團該具備的行政能力，有了多一層的認識，同時也更懂得關懷他人，更懂得珍惜人與人彼此的情誼，更知道如何將思考層面擴及團體。

我看著珮菁摸索，親身體會到她變得更成熟，也更穩重，一年三個月之後，她決定重回這個她曾經多所貢獻、共同創辦的樂團時，我毫不猶豫伸開雙手，再次的歡迎她。

人生的挫折，對於珮菁這一位資質優異，又有著超人的毅力，以及無比奮發精神的年輕音樂家而言，其實都是成長的契機，我清楚知道，未來的她必然是國際樂壇一顆閃亮的星星。

張覺文：國內首位打擊樂博士

張覺文是我最早期的學生之一，當時我剛剛回國，遠在雲林讀書的覺文，就常常不辭辛勞來找我，要我教他打擊樂。

覺文個性極為老實，卻十分容易緊張，也特別害羞，和我的對話經常是以點頭搖頭取代語言。固然這是覺文的特質，然而我相當擔心，這樣的內向拘謹個性可能會對他的音樂生涯造成一種阻礙，畢竟音樂家要懂得釋放情緒與情感，演奏出來的音樂才能真正引起共鳴。除了擔心他放不開，需要多加引導，我還適時適切地提醒他，不要因為凡事太過要求或積極，而造成他人的緊張。

慢慢地，覺文變得更有彈性，個性也更為柔軟。他順利的考上國立藝術學院，並且被樂團其他團員尊稱為「大師兄」，而他不愧對這個稱謂，處處流露出大師兄應有的氣度與風範，埋頭苦幹實幹，對於樂團的創建，有著相當大的

張覺文

貢獻。藝術學院畢業後，他又赴美國密西根大學進修，不僅取得碩士學位，更進一步深造，獲得該校博士學位，也成為國內第一位打擊樂博士。

回國後，覺文放棄了較高的待遇，選擇回到樂團工作，謙遜的他不因為傲人的學歷而自以為高人一等，樂團所有的苦差事，像是排練、搬樂器、收樂器種種「粗工」，他都親自動手，為樂團其他的學弟妹們設下極佳的典範。

很幸運的，覺文結識了當時正在「朱宗慶打擊樂教學系統」中任教的女友，後來結為連理，並且也在國立藝術學院、輔仁大學任教，家庭與事業都有理想的發展。現在的覺文則選擇在演奏之外，投身「幼教工作」，於新竹師範學院任教，在樂團則兼任部分的行政工作，成為樂團的兼任團員。

廖婉君：誨人不倦的好老師

從高一開始隨著我學習打擊樂的廖婉君，是個典型的乖學生，極重感情，喜怒哀樂也總是不善隱藏，雖然我們只有三年的師生關係，但是她和樂團以及所有團員卻有著相當濃切的情誼。在所有的樂團團員之中，她也是唯一一位從師大畢業的學生，因為對於教育下一代有著高度的興趣，出國進修後，回到國內仍然十分專注於音樂教學之上。雖然演奏教學俱佳，但是教學顯然是她更為傾心的一份工作，是個誨人不倦的好老師。

感情豐富的婉君，是典型的性情中人，也是位十足感性的音樂家，和她有過接觸的人，都知道她是個完全可以放下身段耍寶、把歡樂帶給大家的開心果。不過活躍的婉君，在音樂這條路上走得很紮實，大一暑假，她就來到剛剛起步的樂團，隨著所有團員一起接受訓練；大學畢業之後在樂團待了相當長的一段時間，也在中學擔任老師，並於大學擔任助教的工作，後來則遠渡重洋，到美國取得碩士學位。

笑聲響亮個性爽朗的婉君，也曾經有過一段期間離開樂團，摸索尋找自己生命中最終的目標，這段期間內她嘗試許多不同的角色，在磨練中成長，終於

廖婉君

能夠以最肯定的態度回到樂團，隨著所有一起成長的團員們，積極追尋夢想。她一路上的辛苦我都有耳聞，當她選擇回到樂團，我也展開雙手歡迎，因為我知道她真的成熟了，可以真的在舞台上找到揮灑的空間了。

吳慧甄：以質樸與穩重奠下基礎

當了七年見習團員，才正式升任為正式團員的吳慧甄，是個資質不錯的學生，雖然不是從小接觸打擊樂，幸運的是，她在中學遇到了任職於台灣省交的黃錦祥老師，這位良師以耐心緩緩指導引領，讓慧甄奠下良好的基礎，讓她可以在國立藝術學院唸書的七年之間，有能力進一步追求更加穩固的根基。

慧甄有著鄉下人的純樸個性，特別努力，而且有耐性。高中音樂班畢業之後就考入國立藝術學院，一直念到碩士班畢業，在這七年之中，她戰戰兢兢地學習，從大一開始加入樂團的活動，以見習團員的身分參與演出。慧甄對於我，永遠抱持著最高的信任，並且堅持追隨，因此她的各項表現都相當優異，也是樂團第一位升為正式團員的見習生，而這七年的漫長見習時光讓慧甄奠下了穩固的演出基礎。

慧甄對於小孩，有著永遠用不盡的愛心與耐心，這一點似乎得到了我的真傳，幾乎是用所有的生命去教導學生，關心的除了音樂方面的學習，還有日常的生活起居，以至於學校的其他課業。她的用心，總是讓人驚喜。曾經擔任「2團」總幹事的慧甄，是「2團」團員口中暱稱的「媽媽」，因為年紀較長，所以自動地兼負起照顧其他團員的責任，為「2團」凝聚起牢不可破的團隊精神，也讓「2團」有著今天的發展。

現在大部分時間在高雄發展的慧甄，還是傳統北管音樂的愛好者，更是國寶級藝人邱火榮先生的愛徒。還記得她參加研究所入學考試時，邱老師竟然委屈擔任伴奏，讓我們一群主考官十分惶恐，但也由此知道，邱先生對這一位學生，有多麼的器重了。

吳慧甄

二年前我指派慧甄到高雄指導「朱宗慶打擊樂團」的「3團」——「傑優青少年打擊樂團」，她把我與學生和家長溝通的那一套方法，完完整整的帶到高雄，以無比的熱情，贏得學生與家長的愛戴。所以高雄市的「傑優青少年打擊樂團」是第一個成立的樂團，也為「3團」的未來，植下一個完美的開始。

鄭吉宏：問題不斷的音樂才子

現在已經離開樂團回故鄉發展的鄭吉宏，是我回國之後所收第一批學生的其中之一，那個時候他在就讀的高雄中正高工擔任樂隊的打擊樂手，是一位才氣縱橫而且相當活躍的學生。當時剛回國的我為了推廣打擊樂，經常在各地演講，有一次我到台南進行演講示範，吉宏前往參與那一次的活動，並在我的演講之後上台演出了一段，隨後我也演出同一段曲子，希望展現我們二者的差異。沒想到吉宏當場就表示，他不認為我們的演出有何不同。當時我只是笑一笑，心想，如果聽不出不一樣也就算了，因此並沒有多費唇舌解釋。不料第二天，吉宏打了電話來，想要拜我為師，我問他既然認為我們的演出並沒有差異，何必再向我學習。他卻只是堅持，而我也只是略作考慮，就收了這名學生。

僅僅由我們結為師徒的過程，就可以知道吉宏是個十分具有主見與想法的年輕人，對於自己相當具有自信，當然他也十足具有能力。可是老實說，他的主見與堅持，卻常為我帶來小小的困擾，形成我教學上的一大挑戰。舉例來說，在藝術學院唸書時，吉宏曾經有一度不願意學習木琴與鐵琴，只肯學小鼓和定音鼓。他的想法當然遭到我的強力反對，也幸好當時學校只有我一位打擊樂老師，吉宏因此無法更換主修老師，而必須接受我的決定。後來事實證明我的堅持沒有錯，吉宏的木琴與鐵琴演奏都極為優異，如果當時的我稍微讓步，或者他就沒有今日的全方位實力。

不可否認的，吉宏有著相當高的音樂才氣，他的能力很好，但是在課堂上

鄭吉宏

還是屢屢遭到我的責罵，因為我期望他能夠發揮更多、表現更好。當時對我的用心並不能全然體會的吉宏，還曾經就這一點向我抗議，他認為其他同學的程度都不如他，何以我還對他加以苛責。這就是鄭吉宏，有才氣、有自信，只是不懂得修飾，總不免得罪了人而不自知。

然而這樣一位個性直率、不會拐彎抹角的年輕音樂家，卻對學生相當有耐心，學生一旦在經濟上出現困難，無論是樂器、樂譜，他總是毫不遲疑的給予協助，是個完全對學生付出的好老師。

林炳興：突破年紀藩籬的最佳典範

僅僅小我五歲的林炳興，是一位相當特別的學生，難能可貴的是，雖然比我年輕不了多少，但是他一直真心把我當成老師一般的尊敬，而且十幾年來從未變過。

原本玩爵士鼓的炳興，當初不知道在哪裡取得了我的電話號碼，打電話來說要向我學習打擊樂。我們約了見面之後，才知道他的年紀已經很大了，就學習而言是遲了一些。因此我並不想收這個學生，回家之後，就不停地逃避，不接他的電話，全然不想接受他的請求。可是我的態度一點都沒有讓炳興感到挫折，他還是不斷打電話來央求。

最終我被這種誠意給感動了，便再度與他相約見面。當時我告訴他，如果要成為我的學生，一定要約法三章，不會因為他和我年齡相近，而有任何不同的待遇，我對他的嚴厲，將和其他的年輕學生一樣，一切都要照規矩來。炳興一直都遵守著當初的約定，對於我的要求，總是積極配合，而且奉行不悖。

有一次我與他一同用餐，發現他用左手持筷夾菜吃，我很訝異，以為他是個左撇子，而我竟然一直不知道。等我向他詢問後才更驚訝，炳興原來不是左撇子，只因為我曾經告訴他，他的左手力道弱了些，應該要特別加強，可以儘量利用左手提包包、運動，或者吃飯洗澡。我的建議他不僅謹記在心，更將之

林炳興

內化到生活之中，久而久之，他竟能將左手運用得彷若天生的左撇子一般。由此可見他對我的敬重與尊崇，而且這樣的心理，從來沒有變過，讓我深深感動。

加入樂團之後的炳興，不僅在演奏方面有著大幅的進步，於作曲、編曲方面，也展現出相當的才華。離開樂團之後的他，赴美進修並取得碩士學位，回國之後，則在許多學校任教。「只要有心，年紀就不是問題。」每次回想起這位奇特學生的學習過程，這句話就會浮現我的心中。

林怡昕：耐心執著的富裕小孩

目前在教會團體擔任音樂社工的林怡昕，曾經是樂團長達十多年的團員。資質聰穎的她，家中經濟情況尚稱良好，祖父、父親都是醫生，是個教育水準相當高、對於音樂也相當熱愛的家庭。怡昕一直在音樂上的表現不錯，成績很好，而且相當聰明，不過她因為和樂團中的吳珮菁從中學開始，就一直是同班同學，不僅學的樂器一樣，畢業後加入的團體也一樣。珮菁的傑出，給了怡昕相當大的壓力，她必須花費比別人更多的心力，去應對這種避免不了的競爭，對於年輕的小女生而言，這並不是件容易的事，因此也需要更多的關心與引導，才不至於因為過多的挫折而輕言放棄。

其實，怡昕的父親以往只是鼓勵女兒學習音樂，但並不贊成她以音樂為業，雖然不反對她投入，但也鮮少給予更積極的激勵或關心；是在高中擔任英文老師的母親，給了她極大的支持，才讓她能夠掌握更多的機會精進。還記得約是怡昕加入樂團已經七、八年之後，她的父親才終於來看她的演出，並且還在演出後告訴她，父親以她為榮。這段感人的故事，是我日後在各地演講時，最喜歡舉的例子，往往聽者都會為她的堅持與這樣的父女情感而動容。

所以，很多有意義的事，就連要獲得家人的支持都要花上很長的一段時間去說服，更不用說去感動社會大眾了。而這個時候，如果少了耐心與執著的勇

林怡昕

氣，恐怕就難以有所成就。

吳欣怡：認眞的年輕國際音樂家

吳欣怡也是我回國之後，所收的第一批學生其中一名，當時她還只是個國小三、四年級的小朋友，但是已經流露出相當的聰明與智慧，對於音樂，有著少見的快速反應。當時，幸而有欣怡媽媽的支持，每個星期都帶著她坐飛機到台北來向我學習，她的音樂天份因此能夠獲得更多的滋養與灌注，並隨著年紀的增長而展現出光彩。

高中畢業之後，欣怡就赴美就讀，在此期間，她在木琴方面的表現越來越突出，才三十歲不到，便獲得美國最重要的史帝文斯木琴大賽的季軍獎項肯定，成為國際打擊樂壇閃亮的新星。因為卓越的天份，年紀很輕的欣怡已經在美國的大學任教，我可以這麼說，她是國際打擊樂樂壇中，前途最被看好的亞

吳欣怡

洲音樂家。

吳欣怡曾在美國西維吉尼亞大學與羅格斯大學任教，現也正在美國大學任教，已經是位卓然有成的音樂家了，這二年我總是找機會安排她回國舉辦音樂會、在夏令營中任教，或者與樂團的學弟妹們合作。由於時機的關係，其實吳欣怡從來沒有加入樂團過，可是她總是與樂團的團員們維持著宛若親人一般的情誼，每次回國，都十分投入我們的活動之中，謙虛而且認真，符合了我對於一位真正音樂家的所有期待。

第八章
提攜與感謝

並不是社會上的傑出人士，都有來自父母、家人與老師豐沛無私的支持，我自忖是極為幸運的人，擁有這些成長發展的原動力，讓我可以悠游在打擊樂的領域裡，沒有顧忌，也無須憂心。

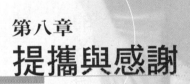

1 給予我無限支持的父母與兄長

如果今天我在社會上算是有所成就，並因此而獲得眾人的尊重與讚美，要感謝的人太多了，因為他們，我有了更多的機會、更多的自信，對於自己的選擇也因此更為堅定，能夠不畏困難地走下去。而在所有曾經協助、支持我的人之中，首先要感謝的是我的父母以及哥哥，他們可說是用盡所有的心力來成就我，如果沒有他們，「打擊樂」可能終究只是我的一項生活興趣與嗜好，不會有今日的面貌。

打鼓的小孩

我出生在台中大雅鄉下，一個原本經濟並不富裕的家庭，尤其在我小學二年級時，叔叔遭友人的財務連累，進而導致我們家讓法院查封，過了一段連三餐都有問題的艱苦日子。

就我的記憶所及，無論家中如何的貧困，父母從來不在小孩面前討論錢的窘迫，只要我們有需求，他們總會設法籌措，讓我們可以比較沒有顧慮地安心求學。更重要的是，父母對於我的喜好，不僅從來不加以干涉，還盡可能地在金錢與精神上給予支持，讓我上初中一年級時可以學鋼琴，在我決心要考藝專時，能夠到台北向名師學藝。

台灣鄉下人有一句俗語：「做人最衰——剃頭、打鼓、吹鼓吹」，在當時的社會觀念之中，「打鼓」是個不入流的行業，打鼓的人得不到尊重，也不會有什麼讓人看得起的前途。當我藝專四年級專攻打擊樂時，親朋好友開始冷言冷語地「關心」起這個打鼓的小孩。如果我的父母真的受到了親友們的影響，也許我的道路就有了不同，可是他們從來不受其他人的想法左右，和我一同享受著音樂，享受著他們兒子所喜歡的一切。

疼愛子女的父母們，有些時候並不都是理智的，現在的社會中有太多的小孩是為了父母的期待而學習，自己的嗜好、性向，反而不是父母最重要的考慮。我那質樸、誠懇且又明智的父母，給我最自由發展的空間，以及最豐富的鼓勵，信任我可以做最好的決定，我因此沒有後顧之憂地朝著理想前進。父母的信任，反而讓我對自己有更多的要求，在往後的日子裡，他們成為我行事的判斷準則與標竿，每當面對抉擇，我會自問所做的決定，會不會讓父母感到高興與驕傲，如果會，我相信這件事就值得嘗試。

哥哥的無私

除了父母，我的哥哥也在這一路上給予最大的幫助。其實，哥哥比我還早開始學音樂，而且很早就顯露出音樂方面的才能，當我才剛剛開始用父母親給的壓歲錢，買一支蝴蝶牌口琴學吹「虹彩妹妹」、「高山青」的時候，哥哥已經在練習爵士鼓了。我相信，如果不是他將學音樂的機會讓給我，今天的哥哥會是一名優秀的音樂工作者。

當時的家庭狀況，無法支援我們兩兄弟都往音樂的領域發展，於是長我二歲的哥哥選擇放棄，他認為，我們之中只要有一個人成功就可以了，而他則肩負起「說服親朋好友」的工作，讓我在精神上有足夠的支撐力量走下去。不過哥哥的支持還不只在精神層面，實質上的「金援」也少不了。還記得小時候，如果錢不夠用，哥哥就會省下自己的錢來支援我；我出國唸書時，雖然已經過著極為省吃簡用的生活，還不免要向家裡求援，而父母和哥哥就會努力去張羅寄錢給我，從來不讓我有一點點的憂慮而耽誤了學業。

回國之後，我的第一場記者會，是哥哥幫忙辦的，記者是他邀請的。當時的他已經小有成就，在救國團、青商會裡，也都擔任著重要的職位，因此有人便想要頒給他傑出青年獎章，但是他執意要將機會讓給剛回國的弟弟，讓年輕的我受到莫大的肯定與鼓勵，對於未來有了更多的信心和勇氣。而後來我會得到十大傑出青年獎項，也都有賴哥哥對我的支持，協助準備各項資料。

並不是社會上的傑出人士，都有來自父母家人豐沛無私的支持，我自忖極為幸運，有這樣不凡的家人，讓我可以悠游打擊樂的領域裡，沒有顧忌，也無須憂心。

哥哥朱宗富（右）是朱宗慶走向音樂之途的關鍵人物。

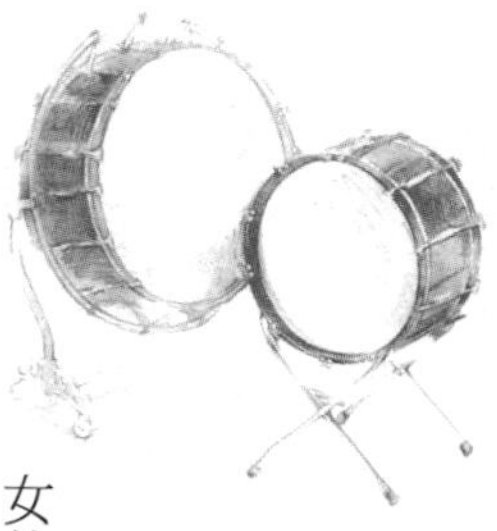

2 恩師張明順

教學近二十年，我看待學生就如同自己的子女一般，他們對我的敬重，也彷若自己的父親；而父親給子女的是全方位、沒有條件的愛，不會因為孩子的資質或表現而有所差異。我是在初中時期一位老師的身上，學到了這一點。

無限的付出

現任國立台中特殊教育學校校長的張明順老師，是我初中時期的導師以及國文老師。在我的記憶中，他對於學生永遠有最大的耐心與愛心，總是可以無限的付出，而且他不會因為自己教的科目是國文，就只關注學生的國文成績，他連英文、數學、理化等科目，都經常幫助學生精進。就我所知，他當初還曾經因為這樣的「多管閒事」，而為自己招致來自其他老師的不諒解以及批評，不過這些顯然從來沒有對他造成影響，只要學生有需求，他就繼續當著全能的老師，指點我們所有的課業。

當時還很年輕的張老師，來自一個當地甚具名望的家族，家中有不少田產，同時也在外經商，因此家境尚稱富裕。於是，他常常領著我們一大群孩子，到他的家中「補習」，雖說是補習，可是從沒向我們收取一文錢，他真正在意的倒是學生在課堂上學得充不充實，有沒有疑惑不解的地方。有些時候，他會帶著我們到田間，去看農夫收割稻米，要我們去體驗農夫的付出與辛勞，以及感受那種認真付出之後，豐收的甜美喜悅。至今，來自於割稻的種種體會，仍然教我受用無窮。

初中時期的我，並不是個出色的學生，和同儕比較起來，或許表現還差一些，應該是完全看不出我的未來可以有什麼傲人的成就吧！可是張老師總對我十分的關切，常常到我們家中拜訪，而且父母逢年過節要拜拜時，就會邀請張老師到家中吃飯，他也從來不拒絕，總是欣然到訪。這在當時算是少見的了，那個年代的老師總有著一種威嚴，學生遇到老師總不免戰戰兢兢，老師到家中造訪一定是有大事發生。張老師卻彷若自己家人一般，以最親切的態度關心我。現在我也是用這樣的態度，去看待我的所有學生。

老師借錢，度過難關

小時候我的家庭環境並不好，父母讓我學鋼琴，已經是竭盡他們的所能了。後來我決心報考藝專管樂組，需要買一把中古小喇叭來練習並參加考試，可是一把中古小喇叭，竟然也要台幣六千元。六千元現在聽來可能不算多，然而在那個貧窮的年代，這可是筆大數目，對於家中經濟條件差的我來說，這更是筆天文數字，我不敢，也不知道要如何向父母開口。

唯一可以求援的對象，就只剩下張老師了，我向他借了三千元，並向母親撒下生平的第一個謊言——謊稱這把小喇叭只要三千元，才湊足錢買下了這把陪著我考上藝專的重要夥伴。當然考完後，我還是鼓足勇氣向父母道出了真相，並且還給了老師這筆錢，但如果當初老師不是毫不遲疑地拿出錢來支持我，我的音樂夢大概也就中止了吧。

至今，我還與張老師保持著密切的聯繫，樂團每一次到台中演出，我都在貴賓席中特別為老師留下座任，邀請他來聆賞；每當他來到台北，我總會陪他吃頓飯，聽著他不停地向人說著我的就學往事，以及讚賞我現在的作為與成就。

有一天我突然了解了，張老師為什麼可以對學生這樣的付出，是因為他打從心裡相信，有朝一日他會以學生為榮，他期望的是看到學生長大後，真正能夠作一些對他人、對社會有意

恩師張明順（左）是朱宗慶求學生涯中的「貴人」。

義的事，能夠有所成就。

我想，我現在就是用這樣的心情，期待著我的學生們呢。

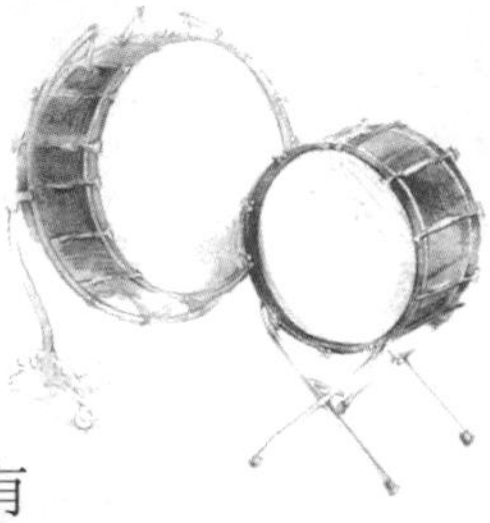

3 對我影響至深的馬水龍老師

如果說我今天的所作所為，可以被視為一種成就，並且因此讓眾人為我鼓掌喝采，那麼我應該將所有加諸於我的榮耀，獻給這一路上對我多所指引，並且給我相當多協助的友人們。就例如在我回國之後，第一場演奏會的第一筆補助，是許常惠老師代我向文建會申請的，而且他總是不吝向他人推薦我，極力讚許我，讓當時很年輕的我感受到無比的鼓勵，有了更多的信心。

又例如溫隆信先生，他在擔任亞洲作曲家聯盟秘書長時，曾經在台舉辦過一次聯盟大會，當時年僅二十八歲的我雖然對於行政事務並沒有太多經驗，可是他全然信賴我，讓我統籌所有大會的音樂會以及各項安排，使我對於大型活動的籌辦沒有了恐懼。而且也是在他的支持下，樂團才會提早成立，並且成功

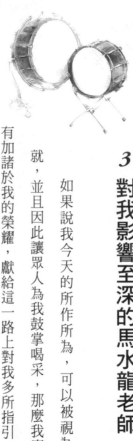

地舉行了第一場樂團音樂會。

除此之外，協助我成立教學系統的高哲彥先生、詹炳發先生、在學生時代我就十分崇拜的許博允先生、賴德和老師、吳靜吉博士、汪其湄教授、基金會董事長鮑幼玉先生、基金會第一任董事陳忠秀先生、好友陳少甫先生，以及前文建會主委申學庸女士等人，都對於我在音樂方面的工作有著極大的助益。而目前擔任擊樂文教基金會執行長的劉叔康先生，以及擔任教學系統總監的梅苓老師，則對於我的事業輔助良多，讓我沒有後顧之憂地花費更多心力於音樂演出以及教育工作之上。

難以言盡的崇拜

然而，在所有協助過我的人之中，我最要深深感謝的，莫過於馬水龍老師了，他對於我的音樂事業，有著最重要的影響；而我對他，除了完全的尊重之外，還有難以言盡的崇拜。

其實，在我出國之前，我和馬水龍老師並不熟悉，最多只能說是彼此有著老師與學生的情誼罷了。後來因為我在維也納唸書時，曾經接待一名到維也納訪問並進行研究的音樂家戴金泉老師，戴老師後來知道我即將畢業回國，便為我寫了一封推薦函給馬水龍老師，希望他能夠聘用我。

馬老師當時在藝專擔任音樂科主任，同時也是國立藝術學院音樂系籌備主任，他收到這封推薦函，再加上當時協助籌備事宜的賴德和老師大力推薦，就立刻回給我一封信，憑著當年他對於我的印象，就要我回國後到這二所學校任教，此外他還要我先為國立藝術學院及國立藝專設計規劃五年的課程。這對我而言是個再好不過的機會了，我走遍奧地利、德國、義大利、法國，收集了大量的樂譜，並和英國、美國的資料一同彙整，這些資訊成為我相當重要的資產，對於日後的教學，有著相當大的貢獻。

雖說我是一位打擊樂家，然而我認為馬水龍老師對於打擊樂的熱愛，以及

馬水龍老師的「勇氣」，開啟打擊樂在台灣的發展。

對於打擊樂的想法，似乎還更勝於我。還記得當初回國一見面，馬老師就要我去學校參加入學考試的面試，可是那一年報考打擊樂組的學生，普遍程度並不好，因此我堅持不收任何一位。也就因此，我沒有半個學生，自然也就進不了學校教書，只好到省交專任，直到第二年，才順利進入學校任教。

觀念上的啓迪

我想，馬水龍老師對於我最大的影響，在於觀念上的啟迪，他讓我了解作為一位音樂家應該要有的修為，除了專業上的技巧，還要具有深厚人文素養，音樂才能真正打動人心。而他對於傳統音樂的超人見解，也影響了我設立樂團時，為樂團的風格所做的定位；馬水龍老師從來不間斷的疾呼，傳統是一種珍貴的資產，應該受到珍視，並且應該在現代的音樂領域上佔有重要的地位與角色。今天樂團能夠以獨特的演出風格，在國際樂壇上受到矚目，要歸功於馬水龍老師對於我的影響。

剛剛踏入社會的年輕人，無論多麼具有才氣，如果沒有給予機會，恐怕也不會有足堪發展的舞台。在我剛回國的那個年代，打擊樂還並未受到重視，打擊樂家能夠在學校擔任兼任教師，已經是難得的事了，而馬水龍老師居然聘用我為專任講師，並且將這麼大的一所學校的打擊樂組交給我，讓我盡情發揮，並且很快地在學術界站穩了腳步。馬老師對於年輕人的包容與鼓勵，已經是不言可喻了。

很多人說打擊樂在國內能夠受到重視，並且有這樣蓬勃的發展是因為朱宗慶的關係，而在我看來，對於打擊樂貢獻最大的人，其實首推馬水龍老師。

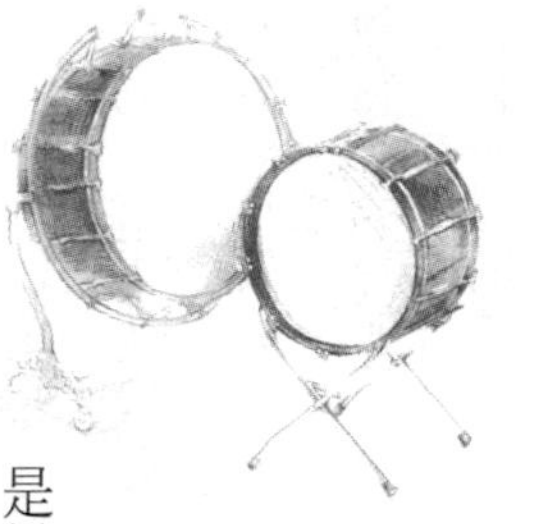

4 我的「老闆」邱坤良校長

我的「老闆」邱坤良校長三年前剛剛走馬上任時，是全國最年輕也最英俊的校長，現在，他雖然已經不再是最年輕的，卻還是最英俊的校長。而這幾年來他所給予我的支持，是我能夠持續不斷在學校拼了命地工作的重要原因之一。

沒有身段的校長

只長我幾歲的校長，才氣和領悟力都跟他的品味一樣高，重要的是，他鮮少在人前端著校長的架子，因此我常常忘了他的校長身分，可以無話不談，可以拍桌對罵，可以為了彼此的堅持爭得面紅耳赤，但總也可以在吵完之後，馬

在「屬下」面前完全沒有身段的校長——邱坤良。

上恢復理性，繼續為學校的事務共同努力。

就例如今年學校開設新的系所，我們為了考試、錄取方式等理念的不同，一直相持不下，甚至在和其他大學商談合作事宜之時，也為了這件事而開始爭辯。當時連他校的教授們都吃了一驚，大概從來沒看過像我這樣放肆的教授，膽敢在公開的場合駁斥校長的說法。最後他們進行「勸架」未果，只得留下我們繼續為了信念而「奮戰」。

講電話講到互掛電話的情況在我們之間也發生過，有一次甚至是因為我的心情不好，因此語多不耐，講到後來竟然在電話中吼了起來。通完電話後，我自覺失禮，就再撥了一次電話給校長，向他說明一下原委，不過校長絲毫不以為意，他告訴我，通話時，早已經將屬於情緒的意氣話給過濾掉了，所以也不覺得受到冒犯。我想，這樣可以在「屬下」面前完全沒有身段的校長，也算是相當少見的了。

少不了爭執卻十分契合

於公，他是一個可以包容我直言不諱，甚至有些時候出言不遜的校長。至於私下，我們則是很好的「酒肉」朋友，我永遠可以在心情不好的時候，找他出來喝咖啡、喝酒、聊天，而他總會想盡辦法安撫我的情緒。不過，校長的酒膽大，酒量則不夠，喝不了多少。就有這麼一次他醉得沒法子走路，我只得陪著他坐在路邊等酒醒；還有一次則是在火鍋店裡，吃到最後竟然站到椅子上划拳，全然不像是個應該道貌岸然的大學校長，和他所教授的新新人類，反倒是相差不遠。

這就是邱坤良校長，坦率直爽，討厭所有的肉麻以及囉唆事，而且才氣洋溢又充滿智慧，這是善於執行的我一直欠缺的特質。不過大概也就是因為如此，我們雖然總是少不了爭執，卻一直都能夠十分的契合，我可以不必擔心他會對我的「不敬」記仇，我知道他從來沒有把我那些冒犯話聽進耳朵裡。

懂得尊重不同的意見，又能包容屬下的放肆，作為他的一名「員工」，我滿懷著的是無比慶幸的情緒。

〈後記〉我的打擊樂世界

二〇〇〇年九月三十日，在凱悅飯店一間被裝置得典雅而莊重的房間內，我從馬水龍老師手裡，接過一座「國家文化藝術基金會文藝獎」，那真是一種難以形容的光榮喜悅之感。回國十多年，得過十多次獎，然而作為一名文化工作者，得到這樣象徵全國最高文化榮譽的獎項，就實質的獎勵部分來說，大概可算是一種最高榮耀了吧！

「可是我才四十六歲，得這座獎會不會太年輕了！」打從我被告知獲得了文藝獎，這句話就不時地在腦中盤旋著，甚至，鮮少有睡眠問題的我，為此還失眠了好幾個夜晚。因為覺得還有很多事該做，還有很長的路要走，若是才剛剛起步，就讓人給封了這層榮耀，下一步要如何跨出呢，會不會人們就開始對我有了不同的期待呢！

是我杞人憂天吧，從小到大，不就是這樣一路走來，只知道要努力認真，從來也沒想過要為自己爭一點名聲。可是總也有這樣的人，會在需要的時候，給我一點幫助，施一點助力，讓我走得更順當、更踏實。這座獎的意義就在此吧！教我重新回想這幾十年來，在人生的轉折點上拉了我一把的所有人們，讓「朱宗慶」這樣一個來自鄉下的粗鄙小孩，今日可以收穫豐美的果實，心理上也更有「本錢」繼續往前直衝。

所以我一直充滿感激，感激父母容許他們的兒子去學「打鼓」，並積極投入這種看似沒有前途的行業，感謝借錢給我買樂器的老師，感謝把自己的大好機會讓給我的哥哥，感謝在公車上遇到指點我考藝專的女貴人，感謝帶我進入打擊樂世界的主任，感謝了解我、協助我的馬水龍、林懷民老師，還有太多太多對我總是有信心的人們。打擊樂推廣的路其實坎坷，然而他們讓我在重重跌下的時候，可以不畏疼痛地再來一次，可以帶著微笑，面對所有的傷害與痛苦，而且很快地淡忘。

二〇〇一年一月，「朱宗慶打擊樂團」屆滿十五歲，十五年來樂團一共演出了一〇四八場，其中在國內的演出為九三一場，二十八度應邀出國，至十四個國家演出一一七場，觀眾總人數超過一百二十八萬人次。而且我們已經在一九九七年創辦了「2團」——「躍動打擊樂團」，並且在去年成立了二十個「3團」——「傑優青少年打擊樂團」，全台有二五〇位團員。這些打擊樂生力軍最讓我放心而驕傲的是，未來的十年之內，台灣絕對不會缺少優秀的打擊樂家。

除了樂團的成績，二十六間「朱宗慶打擊樂教學中心」分布於全台灣，這一套教學系統無論在國內外，其特色都受到肯定。而「財團法人擊樂文教基金會」多年來，則為國內的藝文界培育了相當多的行政人才，讓藝術能夠獲得更多觀眾，也與生活更加貼近。至於暫時受挫的「蓺類」雜誌，我並沒有感到氣餒，「把藝術帶進家庭」是我絕對不會改變的理想，我相信雜誌在短暫的「休息」之後，可蓄積更多的力量，重新發揮它應有的影響力。

台灣確實充滿著機會，如果就連我這個資質愚魯的鄉下人，都能有今天這樣一點小小的成績，受到大家的溢美讚譽，那麼，任何人只要下定決心努力去做，沒有什麼是做不到的。

這一本書，就是在這樣的心情底下寫成的，我不是要藉此驕傲，更不是要以此立傳博一點虛名，只是希望邀請有興趣的人，陪我再走一遭，看看這十多年來我曾面臨的種種，感受一下我走過每一個階段時的心情與體會。如果可以成為一種參考，那麼便會有一些積極的意義；倘若讀的人對我的行事態度嗤之以鼻，其實也無妨，終究「手法巧妙各有不同」，當這本書是野人獻曝就罷了。

朱宗慶個人簡歷

《學歷》

1976 國立台灣藝術專科學校音樂科畢業

1982 奧地利國立維也納音樂院打擊樂演奏家文憑

《獎項》

1983 青年獎章

1988 中華民國十大傑出青年

1988 金鼎獎最佳演奏人獎及最佳製作人獎

1990 金鼎獎最佳音樂出版品獎

1996 美國傅爾布萊特獎學金(Fulbright)研究學者
1997 金曲獎最佳演奏人獎
1999 國際打擊樂藝術協會傑出貢獻獎
2000 國家文藝獎

《經歷》

台灣省立交響樂團打擊樂首席
國家戲劇院暨音樂廳顧問兼規劃組組長
財團法人擊樂文教基金會執行長
亞洲作曲家聯盟中華民國總會秘書長
國際打擊樂藝術協會(Percussive Arts Society)世界總會理事
國際打擊樂藝術協會(Percussive Arts Society)總裁諮詢顧問
國立藝術學院音樂系教授兼系主任兼管絃與擊樂研究所所長兼音樂學研究所所長

《現任》

國立中正文化中心主任

國立藝術學院音樂系所教授

朱宗慶打擊樂團藝術總監

《創辦》

1986 朱宗慶打擊樂團

1989 財團法人擊樂文教基金會

1992 朱宗慶打擊樂教學系統

1993 台北國際打擊樂節(Taipei International Percussion Convention，每三年舉辦一次)

1994 傳統打擊樂中心

1998 藝類雜誌社

1999 躍動打擊樂團——朱宗慶打擊樂團2團

1999 台北國際打擊樂夏令研習營(Taipei International Percussion Summer Camp，每年舉辦一次)

2000 傑優青少年打擊樂團——朱宗慶打擊樂團3團

《著作》

◎書籍

1.《打擊樂演奏的探討》，台北：財團法人擊樂文教基金會，1993.9出版

2.《擊樂作品演奏的探討》，台北：財團法人擊樂文教基金會，1998.3出版

◎CD有聲出版品（14張）

1. 生脈相連
2. 朱宗慶兒童打擊樂（一）～（七）
3. 朱宗慶陪你過新年

4. 薪傳、螢火

5. 山之悸：民謠旅行

6. 擊鼓

7. 鑼揚鼓慶：朱宗慶打擊樂團十週年紀念CD（2片）

◎錄影帶

1. 兒童音樂會：書包裡的音符

2. 兒童音樂會：小丑 Ki Ki

朱宗慶大事年表

1954.10.16	出生於台中縣大雅鄉
1976	國立台灣藝術專科學校音樂科畢業(現國立台灣藝術學院)
1978.6～1979.12	擔任台灣省立交響樂團打擊樂首席
1982	獲奧地利國立維也納音樂院打擊樂演奏家文憑
1982.7～1983.7	擔任台灣省立交響樂團打擊樂首席
1983.8	擔任國立藝術學院專任講師
1983	獲頒「青年獎章」
1986.1.2	創辦朱宗慶打擊樂團
1988	獲頒「中華民國十大傑出青年」
1988	「生脈相連」CD獲金鼎獎最佳演奏人獎及最佳製作人獎

1989.8～1990.7　擔任國家戲劇院暨音樂廳顧問兼規劃組組長

1989　創辦財團法人擊樂文教基金會

1990　「山之悸」CD獲金鼎獎最佳音樂出版品獎

1992　創辦朱宗慶打擊樂教學系統

1993　創辦台北國際打擊樂節(Taipei International Percussion Convention)

1994　創辦傳統打擊樂中心

1994.8　升任國立藝術學院專任副教授

1996　舉辦第二屆台北國際打擊樂節

1996　獲美國傅爾布萊特獎學金(Fulbright)赴美進修一年

1997　「鑼揚鼓慶」CD獲金曲獎非流行類最佳演奏獎

1997　擔任國立藝術學院音樂系系主任暨研究所所長

1997～1999　擔任國際打擊樂藝術協會(Percussive Arts Society)世界總會理事

1998　創辦蓺類雜誌

1998.6 升任國立藝術學院專任教授

1999 擔任國際打擊樂藝術協會世界總會總裁諮詢顧問

1999 創辦躍動打擊樂團——朱宗慶打擊樂團2團

1999 舉辦第三屆台北國際打擊樂節

1999 獲頒國際打擊樂藝術協會傑出貢獻獎

1999 創辦台北國際打擊樂夏令研習營(Taipei International Percussion Summer Camp)

2000 舉辦第二屆台北國際打擊樂夏令研習營

2000 連任國立藝術學院音樂系系主任暨研究所（管絃與擊樂研究所暨音樂學研究所）所長

2000 獲頒「國家文藝獎」

2000.10 創辦傑優青少年打擊樂團——朱宗慶打擊樂團3團

2001.3 擔任國立中正文化中心主任

國家圖書館出版品預行編目資料

鼓動：朱宗慶的擊樂記事 / 朱宗慶著. -- 初版.
-- 臺北市：遠流, 2001〔民 90〕
面； 公分. -- (勵志館； 99)

ISBN 957-32-4399-7 (平裝)

1. 朱宗慶-傳記

782.886 90010219